붕실이와 장다리

붕실이와 장다리

이용미 수필집

수필과비평사

· 머리말 ·

    뜨고 지는 해야 그대로지만 세월은 많이도 흐르고 변했습니다. 까맣던 머리는 하얗게 세어지고 얼굴엔 주름이 가득합니다. 많던 꿈과 소망은 어디론가 흘러가 버린 채 찾을 수도, 잡을 수도 없습니다.
    그러나 아쉽지는 않습니다.
    훨훨 날아간 그곳에서 행복하겠지요.
    그렇게 믿고 싶은 지금 일흔이 넘은 지 한참이나 되었습니다. 여러 면에서 젊은 날보다 여유로워지고 자유로워져서 좋습니다. 말과 글이 같아야 하는데 그렇지 않을 때가 많아 좀 부끄럽기는 하지만

내가 한 말에 책임을 지며 사는 날까지 크게 욕심 내지 않고
편안하게 살고 싶습니다.

그렇게 살다가 소리 없이 가야 할 곳으로 간다면
얼마나 좋을까요?

조용히 오는 봄을 마중하며
햇살 따사롭게 내리는 15층 거실에서

이용미

• 차례 •

머리말 · 4

01

결혼기념일에 · 10

궁합 · 15

나를 위로한 방법 · 20

나의 삶, 나의 문학 · 25

늙은 호박 · 29

당신한테 · 35

도마의 변신 · 46

마음껏 드세요. 어머니 · 51

멀리 뛰기 · 58

묵은지와 내 글 · 62

02

박토薄土의 고추 · 68

백수白手의 나날 · 73

백수 탈출 · 78

붕실이와 장다리 · 82

사랑 · 87

선택 · 93

어찌하면 좋을까요 · 98

언제던가, 그때가 · 103

여유 · 108

역사와 설화 · 113

03

유월이 오면 · 120

이별 앞에서 · 126

장롱을 밀어낸 나의 서재는 · 132

칠순이 할매 일기 · 137

텃새와 김치 항아리 · 144

행운도 끝이 있을까 · 149

행운을 보다 · 154

흐느끼는 목마 · 159

흔적 · 164

평론 통점을 다스려 완성한 고요 / 김 영(시인, 문학평론가) · 169

01

결혼기념일에
궁합
나를 위로한 방법
나의 삶, 나의 문학
늙은 호박
당신한테
도마의 변신
마음껏 드세요, 어머니
멀리 뛰기
묵은지와 내 글

결혼기념일에

"그렇게도 좋으냐? 꽃과 같이 그렇게도 예뻐?" 언니들이 놀려댔지요. 사색하는 사람의 모습, 수염을 단 중후한 모습을 연상시킨다는 꽃이 왜 제 눈에는 웃는 당신의 모습으로 보였을까요? 그 무렵 길옆 화단에 한창 피어 있던 팬지꽃이 말입니다.

세어 보면 한참인데 생각하면 엊그제 같기도 한 날, 전날 내린 비는 나뭇잎에 앉은 먼지까지 말끔하게 씻어주더니 그날은 바닥에 떨어지면 쨍그랑 소리가 날 것 같은 볕이 맑게 쏟아졌지요. 오월의 신이 내려주는 축복이라 생각했습니다. 오늘은 그때보다 더 다양한 색상 팬지꽃이 길옆을 수놓고 여전히 맑은 햇볕 내리쬐는 우리가 결혼했던 날입니다.

  계절이나 나이와 상관없이 '난로를 켜줘야 할 것 같다.' 할 만큼 주례 앞에서 떨던 신부를 당신은 기억하는지요. 꽃 같은 모습은 아니라도 그렇게 순수했던 때도 있었지요? 지금이야 호랑이 마누라로 불리지만, 으르렁대도 눈 하나 깜짝 않는 당신. 생각하면 당신과 같은 것은 혈액형뿐으로 성격 차이로 헤어진다는 말은 우리 삶으로 치면 신기한 일이지요. 초저녁잠 많고 생각보다 행동이 앞서는 데다 체면을 앞세우는 저와 정반대인 당신과 부딪힘이 어디 한두 번이어야 말이지요. 그런데도 별일 없이 살아가는 데는 저와 달리 잘 못을 쉽게 인정하는 당신 솔직함인지도 모릅니다.

"오늘은 뭐하며 놀다 오지?" 퇴직 후 재취업의 감사와 기쁨은 순간일 뿐, 당신 출근길은 신나지 않았지요. 일을 기획하고 처리하는 것에 익숙하고 좋아하는 사람이 기술 출중한 사람들 틈에서 뚜렷하게 하는 일 없이 차지한 자리가 불편한 것이었지요.

달래거나 말릴 수도 없는 당신 처지를 지켜보는 제 마음도 불편하기는 마찬가지였답니다.

그러나 변하는 것이 계절만은 아닌 것이 분명하지요? 기록되어 남는 일은 아니라도 당신이 하는 일은 중요하다는 것을 제게 보여주고 있으니까요. 정장이 아닌 편한 복장, 평온한 얼굴로 출근을 재촉하는 모습에서 제 마음 또한 그 어느 때보다 편안하답니다. 그 편안함이 온몸으로 나타나 체중계 올라서기가 무서울 정도로요. 다른 성격들은 여전히 소리 없이 부딪기도 하지만 오래 산 부부는 닮는다는 말이 맞는 것인지 전혀 엉뚱한 부분에서 닮아간다는 느낌도 싫지 않답니다.

35년 전 알던 사람을 만났는데 제게 "막내 여동생과 (제 이름을 대며) 같이 근무 했었다." 했지요. 근무 중이라 걸고 있는 제 이름표를 보면서도 그 말을 되풀이하는 바람에 한동안 웃었는데 생각해 보니 얼마나 늙어 보였으면 그랬을까. 서글퍼진다는 제 말에 고개 끄덕이던 당신. 그래요. 그런 사소한 것 공감하며 닮아가는 것이 좋아요.

덧없이 흐르는 세월을 안타까워하기보다 살아있는 오늘이 생에서 가장 소중하다는 마음도 같지요?

당신이 늦은 퇴근길 양손에 들고 온 생수 한 상자와 쓰레기봉투 한 묶음, 그날은 우리 결혼기념일이었는데요. 살면서 필요한 것 중 하나인 물과 생활에서 나오는 쓰레기 담는 봉투이니 평생 잊히지 않는 선물로 생각할게요. 미안해하지

마세요.

 잠옷을 고르려고 갔지만, 그곳에 그런 코너는 없고 마침 떨어진 것을 아는 생수와 쓰레기봉투는 눈에 뜨이니 다른 것은 생각할 여유도 필요도 없었겠지요. 그게 당신이잖아요. 꼭 필요한 것 마음 쓴 당신 마음으로 오래 간직할게요. 결혼기념일에 생수와 쓰레기봉투 받은 사람 있으면 나와 보라 큰소리치면서요.

궁합

 요즘 성경 필사에 재미를 붙이고 있다. 교인의 신분으로 산 지 몇십 년인데 항상 새것 같은 표지와 속이 부끄러워 우선 신약만 한 번 옮겨보기로 했다. 일 년 삼백육십오일 하루 한 구절씩 옮기면 얼추 맞는 분량으로 1월부터 실행에 옮겼다. 처음에는 손에 무리가 가는 듯 힘들고 글씨는 또 왜 그리도 마음에 들지 않는지, 그전 몇 번 시도했다가 포기한 이유가 서서히 다가오더니 언제부터였을까. 하루에 한 구절만 옮기기엔 펜 놓기가 아쉬워 구약까지 써보기로 했다. 비슷하게 반복되는 창세기의 지루함은 여전했지만, 꾹꾹 참고 써나가다 보니 오십여 매 노트 한 권이 닳고 볼펜 한 자루가 닳고 두 어장 쓰면 아프던 팔이 대여섯 장을 써도 멀쩡했다. 노트 한 권 볼펜 한 자루가 닳아 바꿀 때면 설레기까지 했다. 새것, 처음, 무엇이든 신선한 것은 설렘을 주지 않던가. 그 재미 때문에 노트나 볼펜을 한꺼번에 사지 않았다. 다른 것으로 바뀔 때마다 느껴지는 그 설렘 잃지 않고 어느새 신, 구약 필사 노트가 열일곱 권이 되었다.

새벽밥 안친 후 기도하는 마음으로, 혹은 답답하고 어수선한 마음이 죽 끓듯 하는 변덕을 다독이며 한자 한자 옮기다 보니 평온하게 맑은 기분이 들어 누군가 내 기도와 바람을 선선히 들어주는 것 같아 기분이 좋아진다.

그런 필사를 위한 볼펜과 노트를 신중하게 고르지만, 다 마음에 들지는 않는다. 참 별일이다. 비싸다고 줄줄 써지는 것도 아니고 보기 좋다고 잘 써지지도 않는다. 어떤 노트에는 힘을 주어야 간신히 써지는 볼펜도 다른 노트에는 성능 좋은 바퀴 달린 것같이 미끄러지듯 써지기도 한다. 처음에는 잘 써지는가 싶던 것도 찌꺼기 때문에 이어 쓸 수가 없어 짜증이 정점에 달해 분질러 버린 적도 있다. 그렇게 유난히 잘 맞거나 처음부터 끝까지 터덕거려 인내가 필요한 것도 있다. 그러나 이제는 노트나 볼펜이 빡빡하면 힘을 조금 주고 매끄러우면 가볍게 써내려 가는 등 노트와 볼펜의 특성에 맞추다 보니 그런대로 고른 글씨가 이어지고 있다.

　부부 궁합도 이런 것 아닐까? 서로 다른 성격을 맞추기 위한 노력과 인내를 얼마나 할 수 있는가 하는.

　우리 결혼 날을 받으러 사주 보는 집에 들른 큰 시누이는 그만 암담해지더라고 했다. 둘 궁합이 너무 안 좋아 연애한 사이가 아니면 그만두는 것이 좋겠다며 도저히 날이 안 나온다고 하니 그럴 수밖에. 띠만 보더라도 용호상박, 용과 호랑이 만남이다.

연애도 아니고 첫눈에 반한 것도 아니면서 서로에게 꼭 필요한 인연이라는 믿음이랄까. 믿을 수밖에 없는 인연이었을까. 선본 지 한 달 반만해 결혼했고 그 이야기는 결혼 후에야 들었다.

닮은 점도 없고 어울릴 것 같지도 않은 우리, 크고 작은 언쟁으로 속상했던 일을 어찌 다 나열하랴. 그래도 큰 탈 없이 살아오는 것은 운명인가 싶으면서도 많이 참고 덮어주는 나의 공이라는 것을 수시로 내세우며 억지로라도 인정을 받아왔다.

그런데 성경 필사를 하면서 노트와 볼펜 관계를 생각해 보니 어느 한쪽의 인내나 믿음만으로 관계가 좋을 수 없다는 평범한 진리를 알았다고나 할까. 장단점 차이를 알고 인정하며 넘치면 덜고 부족하면 채우는 노력에 인색하지 않은 남편 공이 없으면 가능했을까? "염색하고 올게" 언제나 몇 번의 잔소리로 진을 빼고도 미루기를 거듭하던 남편이 웬일인가. 아내를 위한 배려? 궁합보다 앞서는 서로를 위하는 마음임을 다시 생각하게 되는 날, 내일이면 그토록 좋지 않다던 궁합으로 결혼을 한 우리 결혼 삼십 년 되는 날이다.

　이제는 그보다 10년을 더 살고 있는 노인네가 되어 있다.

나를 위로한 방법

 "아유, 머리야" 왼손으로 이마를 짚으며 큰 소리로 말했다. 내내 수다를 떨다가 갑자기 두통을 호소하니 놀람 반, 의아함 반으로 쳐다보는 사람 중 내 약지에 낀 초록색 알반지에 관심을 보이는 이는 하나도 없다. 맥 빠질 일은 아니다. 어차피 내가 나를 위로하기 위해 샀던 것이니.
 전 품목 할인판매에 들어간 쇼핑몰에 몰려든 사람들이 쌓인 물건만큼이나 많았다. 형형색색 인조 보석들이 눈을 현란하게 하는 장신구 판매대도 예외는 아니었다. 붐비는 사람들 속에 끼어 눈에 띄는 색상의 알반지들을 이것저것 눈으로 훑다가 밝은 초록색 단순한 디자인에 꽂혔다. 이번 갖춰 입은 단체복 색깔과도 그만일 것 같아서 대만족이었다. 필수품이 되어버린 모자도 오늘은 무난한 색상이 아닌 원하는 색상으로 골랐다. 분홍색이다. 많은 사람이 촌스럽다고 할 그런 분홍색, 상관없다. 난 오늘 나를 위로하러 나왔고 원하는 것을 골라 행복해하면 된다.

　우리 집은 음력 정월 설과 대보름 외에 두 번의 제사가 있다 보니 한 달 내내 제사음식으로 밥상이 차려지다시피 한다. 제때 나오는 고사리 등 제사상에 올리는 산나물로 채워졌던 냉장고 냉동실이 가벼워지는 만큼 내 몸과 마음 또한 여유로워진다. 그런데 언제부터였을까. 몸과 마음 버거움의 신호가 느낌으로 조금씩 감지되더니 시아버님 제사를 마지

막으로 정월 행사가 끝나니 회오리로 몰려와 사정없이 강타하는 게 아닌가. 온통 봄 풍경, 봄소식으로 채워지는 TV 화면이 먼 나라 이야기처럼 가물가물, 내 인생 이대로 끝나는 것은 아닐까 덜컥 겁이 날 정도였다. 아직 할 일도 많고 하고 싶은 일은 더 많은데.

 송곳으로 콕콕 찌르는 것 같은 머릿속과 부스스한 머리칼을 열 손가락을 반쯤 오므려 꾹꾹 눌러보고 톡톡 쳐보기도 하며 거울 앞에 섰다가 깜짝 놀라 뒤로 주춤 물러섰다. 저게 누구인가. 나를 보는 저 괴상한 노파가 진정 나란 말인가. 눈 감을 때 모습이 저래서는 저승 문턱에서도 쫓겨날 것 같다는 생각에 불쑥 웃음이 났다. 어이없는 웃음은 저승 못 갈 걱정을 할 정도면 아직은 이승에서 비비고 차이고 다시 일어서며 조금 더 살아야 한다는 자기 암시였을까. 그토록 지끈대던 머리가 개며 정신이 번쩍 드는 것 같았다. 어린 시절

또래들이 합죽이가 됩시다. 합하는 놀이에서 한번 터진 웃음 거두기가 얼마나 힘들 때도 있었는데 웃을 일이 많지 않은 요즘 내가 나를 보고 웃었다는 것은 그냥 스칠 일이 아니지 않은가.

'남 앞에서 눈물을 보이면 지는 것 같아 참는다'. 잘 알려진 개그우먼의 말이 떠오른다. 나도 그렇다. 별 뜻 없는 남의 말에 상처받고 내 마음 털어놓을 곳 없어 답답해도 억지 미소와 안정된 말투를 구사하려고 얼마나 힘쓰는가. 그런 표정과 말투는 조금만 신경을 거두어도 금방 본래로 돌아가 버린다. 그것을 눈치챈 지인의 직접적이거나 에둘러 나무라는 소리와 표정을 알면서도 나 몰라라 했다. 아니 더 짜증난 목소리와 표정을 서슴없이 지어서 말하는 상대를 무색하게 했다. 바로 거울에 비치는 저 모습, 저 표정으로.

익혀온 화장 순서를 지켜 밝은색 립스틱으로 마무리 후 외출에 나섰다. 아직 바람 차고 햇볕도 인색하지만, 올려다본 하늘은 어지러울 만큼 맑다. 올렸던 고개를 내려 땅을 본다. 발길 닿는 인도 옆으로 돋아난 여린 풀에 보라색 작은 꽃이 피었다. 봄까지만 피어서 붙여졌다는 봄까지 꽃이다. 작아도 당당하고 다른 민망스러운 이름으로 불리어도 부끄러움 없이 씩씩하게 봄까지만 피어도 아등바등 미련에 매달리지 않는 봄까지 꽃을 볼 수 있었던 것도 나를 위로한 것 중 하나다.

나의 삶, 나의 문학
팔자대로 산다

　어설픈 글쟁이로 이름을 올리고 살아온 지 20여 년. 겉으로야 적당한 간격으로 작품집을 내고 크고 작은 상도 받고 고만고만한 문단을 이끌기도 하니 그런대로 괜찮아 보일 수 있지만, 실상은 매일매일 쫓기듯 불안하게 산다. 글 한 줄 이어나가는 것도 벅차서 숨을 헐떡이다가 가까스로 한 편을 엮었다 싶어 읽어보면 버릴 것이 더 많아 '타 다다닥' 지우고 다시 편집 메뉴에 들어가 '되돌리기'를 했다가 다시 지우기를 반복한다. 그마저도 안 되는 때가 많아 "에이, 그만두자. 이깟 글 써서 뭘 하겠다고, 사서 이 고생일까." 혼자 중얼대며 좌판에서 손을 떼고 편한 자세로 기지개를 켜는 순간 홀가분한 몸과 마음이 하늘을 난다.

  글 쓰는 일 외에 하고 싶고 해야 할 일들을 머릿속에 그리다가 후다닥 일어나 행동으로 옮긴다. 동영상으로 본 간편한 무장아찌를 만들기 위해 씻어놓은 무를 적당한 크기로 잘라 흑설탕에 절여놓고 진즉 재워둔 머루를 걸러서 유리병에 봉해 놓고… 개운하게 마른빨래를 차곡차곡 개켜 제자리에 넣는다. 하는 김에 옷장 정리까지 한다. TV 살림 코너에서 본대로 색깔별로 분류해서 걸고 보니 옷장이 넓어진 듯 훤하고 보기도 좋다. 또 뭐 할 일이 없을까. 굳이 노력하지 않아도 쉽게 익힌 일들 하면서 이렇게 만족하며 살면 되는데.

일이 막히거나 꼬일 때가 있다. 왜 이럴까? 이러면 안 되는데, 처음에는 당황하다가 어떻게든 풀어보려 힘을 써보다가 그래도 안 되면 하는 말, '팔자대로 사는 거지 뭐, 팔자가 그런 것을 어찌하겠어…' 등 팔자라는 말을 떠올린다. 자기 합리화를 위한 방패막이로 쓸 때가 많은 이 말을 곧잘 쓴다.

그렇다. 팔자인지도 모른다.

언니 오빠들에게 수없이 듣고 나도 글에 여러 번 썼던 "나무가 춤을 춰요" 아버지 등에 업혀서 바람에 흔들리는 나뭇잎을 보고했다는 내 말 한마디에 아버지는 "얘는 커서 글 쓰는 사람이 될 것이다." 했단다. 네댓 살 때쯤의 그 얘기가 기억될 리 없지만, 초등학교 때부터 글짓기상을 받아 올 때면 언니 오빠들이 으레 하던 소리다. 그때는 글쓰기가 어렵다고 생각할 필요도 없이 그냥 보이는 것을 생각대로 옮기면 따라오는 칭찬인 줄 알았다. 중고등학교 문예반 활동하면서는 구체적인 장래 희망을 소설가라 써낸 적도 있다. 글과 나는 그렇게 불가분의 관계를 맺는 듯했으나 내 역량을 깨닫는 나이가 되면서 그것은 꿈에 불과하다는 것을 자연스럽게 익히며 현실에 적응하며 살았다. 그렇게 얼마의 세월이 흘렀을까. 글쓰기 갈망에 불 지핀 등단은 쉰이라는 나이도 잊은 채 세상을 다 가진 듯 기쁘기만 했다. 그러나 불땀은 여일하지 않은 희나리 같아서 눈물, 콧물에 머리까지 지끈거릴 때가 많다. 손 털고 일어서면 그만인 것을, 그리 못 한 채 애물단지 끌어 안 듯 안고 애면글면하는 이것은 분명 팔자 탓이리라. 아버지 말씀대로 글 쓰는 사람이 되었으니 써야만 하는 글인데 써지지 않아 곤혹스러운 팔자, 죽을 때까지 이어질 이 팔자대로 끼적이며 지우기를 반복하며 사는 것이 나의 문학이고 삶일 수밖에.

늙은 호박

 모퉁이마다 파랗고 노란색 플래카드에 ○○장례식장. ○○장례문화원 홍보 글귀다. 세어 보니 30 여분 소요되는 길에 열세 개가 걸려있다. 다른 홍보물은 없나 돌아보니 딱 한 장, 고향 방문을 환영한다는 문구가 보였지만. 그 역시 끝에는 ○○장례식장이라 쓰여 있다. 운전대를 잡지 않아도 오르고 내리며 휘몰아 돌고 도는 고개에 바짝 긴장한다. 20년 넘게 다니는 길에 언제부터 걸렸던 것일까. 퇴색된 색상 차이에서 한꺼번에 걸었던 것은 아닐 텐데 왜 이제야 눈에 띄어 신경에 거슬리는지. 누구나 한 번은 주인공이 되어 들러야 하는 장소지만 썩어서 버린 늙은 호박이 생각나 기분이 영 그렇다.

며칠째 집안에 시골에서 맡았던 두엄자리 거름 썩는 냄새가 났다. 매일 부연한 미세먼지로 환기되지 않은 공기 때문이라 여기며 빠르게 창을 여닫으면서 방향제를 뿌렸지만, 더 고약한 냄새로 골머리를 앓았다. 알고 보니 늙은 호박이 원인이었다.

로컬푸드 매장에서 맷돌을 닮은 둥글납작한 모양새로 맷돌 호박으로 불리는 늙은 호박 한 개를 사서 서재 한쪽에 놓아둔 지 한참 되었다. 앙증맞은 크기에 적당한 살집의 골마다 하얀 분이 서린 모양새가 장식품 구실을 하고 있었다고 해야 할까. 무엇을 해 먹을까 생각도 못 한 채 항상 그 자리에 있는 소품 정도로 여긴 것 같다.

정성 들여 심은 농부의 마음에 보답하듯, 싹 틔워 줄기 뻗고 열매 맺어 쌈이나 볶음으로 전이나 찌개로 알뜰히 보답하며 사랑받던 젊은 시절 다 보낸 호박이다. 어쩌다 보니 늙은 몸, 그래도 아직은 적당히 무른 팥과 어울려 부드럽고 달짝지근한 죽으로, 가늘고 길게 저민 호박고지 쌀가루와 버무려 촉촉한 시루떡으로 태어날 날을 기다리다 지쳤던 것일까? 무심코 바라본 그 앙증맞던 호박이 썩어가고 있는데 냄새 원인을 찾은 것만 다행으로 여기며 부리나케 쓰레기장으로 향했다.

돌아와 손을 씻으며 거울에 비친 내 모습과 마주했다. 야금야금 내 건강을 훔치는 질병의 통증과 두려움과 마주한다. 버리고 온 늙은 호박을 생각하며 도리질한다.

건강은 타고났다고, 아니 환경이 그렇게 만들었다고 생각했다. 앞뒤, 위아래 첩첩산중에서 태어나 초등학교 4학년까지 십 리를 걸어 등하교하면서 논밭 사이로 난 좁은 길에 풀이 우거질 때쯤이면 몇 번이나 넘어져야 했다. 개구쟁이 남자애들이 길 양쪽 풀을 이어놓고 시치미 뚝 떼고 앞서가기 때문이었다. 살피며 걷는다고 해도 한여름 우거진 풀에 지은 매듭을 일일이 찾아내기란 쉬운 일이 아니었다.

찬 바람 쌩쌩 부는 한겨울 등굣길 돌무덤에 감춰두었던 반쯤 얼어있는 생고구마 찾아 하굣길에 날 것 그대로 아삭아삭 베어 먹어도 배탈하고는 무관했다.

가운데 미닫이창을 둔 아궁이 없던 윗방에서 지내던 중학교 때도 감기 한번 심하게 앓은 적 없다. 창백한 얼굴에 바람불면 금방 쓰러질 것 같은 가냘픈 몸매 친구가 부러운 시절이었다.

젊음과 건강은 항상 내 곁에 그렇게 머물 줄 알았는데 깊게 머리 쓸 일 없는 일터와 간섭받는 일 없는 집안일로 족한 삶에 부린 욕심 탓이었을까. 일터와 집안일을 벗어나서 하는 일은 힘겨웠다. 부실한 능력에 덧대는 의지나 노력은 헛심만 부추겼다. 그래도 그럭저럭 해냈다는 안도의 한숨을 내쉬자마자 찾아온 심한 불청객 두통은 열 개들이 진통제 한 통 반을 비우고도 떠날 줄 몰랐다. 왼쪽 눈썹 바로 옆에서 시작한 수포에 대상포진이 아닐지 생각하며 병원을 찾았을 때는 이미 이마와 머릿속으로 빠르게 침입해서 까무러칠 것 같은 통증이 온몸을 옭아매는 중이었다. 그런 통증도 치료와 함께 스멀스멀 조금씩 멀어지고 빨갛고 거뭇거뭇하게 솟아났다가 가라앉은 수포만 흔적으로 남는가 싶을 때 새로운 복병이 기다리고 있을 줄이야. 요즘 세상 그깟 병이 무슨 대수냐고 하는 이도 있었지만 내가 느끼며 겪는 아픔은 암

선고받은 환자 심정이 이런 것일지 싶은 만큼이었다. 난치성 질병이라는 이름으로 치료비 중 십분의 일만 내는 산정특례자라는 굴레까지 씌워졌으니.

아무리 그래도 남은 내 인생을 썩은 호박과 대비시키지는 말자. 모퉁이를 돌 때마다 나타나는 장례식장 홍보물 까짓것, 신경 쓰지 말자. 난 그냥 자연스레 늙어가는 사람일 뿐이니까.

당신한테

 많이 걸어왔구려. 세월이란 그 길을 걸어오는 동안 죽을 만큼 힘들지 않았다고 식은 죽 먹듯 쉽기만 했겠소. 천둥과 번개가 없었다고 주야장천 맑은 날만 있었겠소, 오늘은 바로 일흔두 번째 고개를 넘은 날 아니오? 그 핑계로 지난 세월 한번 뒤돌아보구려, 이 고개 넘어버리면 저 뒷고개는 보이지 않을지도 모르니 말이오. 항상 온 길보다는 갈 길이 멀다는 생각에 언제 제대로 뒤돌아볼 여유나 있었소? 마침 오늘은 비까지 내려 생각의 줄기가 제대로 뽑혀 나올 것 같은 생각까지 드는구려.

　일흔두 해 전, 그날은 날이 맑았나 보오. 동산미 밭에서 감자를 캐다가 해산 기미가 있어 큰방에 들어갈 새도 없이 찬방에서 당신을 낳았다고 어머니가 말씀하셨으니 말이오. 6·25가 난 지 2년 후 빨치산이 기승을 부리던 때 언니 오빠들을 피난 보낸 운장산 아래 제일 만만한 곳은 구석 찬방이었을 게요. 크나큰 집 많은 방 놓아둔 채 두 사람 누우면 맞는 작은방에서 태어날 수밖에 없었던 것은 시대 탓이오만, 그 또한 위대한 학자 퇴계나 뛰어난 왕비 명성황후가 태어났다는 방도 당신이 태어난 방과 별 차이는 없습디다. 태어난 방 크기가 사는 데 무슨 영향이 있겠소. 쌀만 귀할 뿐 그 외의 먹을 것은 넉넉했고 많은 형제자매가 화목한 퇴직 교장 막내딸 자리는 그 시절 남의 부러움 사기에 충분했소. 앞뒤 꽉 막힌 산골에서 시오리 밖 초등학생이 되어서도 남 부러워하는 위치는 별 변함이 없었소만 키보다 웃자라는 생각은 매사를 불만스럽게 생각하기 시작했던 것 같소. 사춘기가 일찍 오지 않았나 싶소만 가정통신란에 '신경질이 많다.'라는 글귀 때문에 면박 받은 것 생각나오? "집에서 부리는 소가지 어디 가겠느냐 공부 잘하는 것보다 성질이 좋아야 하는데" 귀여운 손자들 속 귀엽거나 의젓하지도 않은 당신의 막내, 조카들 앞에서 뭉개지는 고모의 위상에 속상해 당신의 갈등은 정도 이상이었지만 어쩌겠소. 큰조카와의 나이 차가 겨우 다섯 살이었으니 그런 이유였을 게요. 막내의 응석 부스러기를 일찌감치 털어낸 당신은 어중간한 애어른이 되었소. 애도 아니고 어른도 아닌 애매한 위치는 아직도 크게 변하지 않은 것 같으니 성장 과정은 중요한 것인가 보오.

학과 공부에 열을 내다가도 어느샌가 세상 고민에 빠져들면 매사가 시들해지고 그럴 때 발길은 학교 도서관이었소. 장르를 가리지 않는 마구잡이 다독은 때로 어수선한 머릿속이 되기도 했지만, 그만큼 정신 성장을 가져왔던 것도 사실일 게요.

큰오빠 서재에서 수시로 꺼내 읽었던 국내외 문학작품을 간단히 다루는 국어 시간은 유일하게 인정받으며 위로받는 시간이었소. 그 외는 어서 벗어나고 싶은 시간으로 이어지는 청년기였소. 큰오빠 아들딸 여덟 남매 속에서 동생인 당신은 군식구라는 생각에 빨리 독립하고 싶었지만, 세상살이가 뜻대로만 되지는 않았소. 다져 놓지 않은 실력, 탄탄치 않은 인맥으로 빠른 독립을 위한 직장 구하기는 매번 쓴맛을 볼 수밖에 없었소. 그렇다고 쓴맛 너머에 있는 단맛을 기어코 맛보고 말겠다는 의지도 약한 당신이 시골에서 택할 수 있는 직장이란 뻔한 것이었소. 그리운 이와 주고받는 편지가 아니었다면 너무도 단순해서 힘든 나날이었고. 그런 그리움마저 조각난 꿈으로 흩어진 후엔 숨을 쉰다는 것도 무의미할 정도였지만, 대가족 속에서 일찍 철든 당신은 책임지지 않아도 될 일까지 무던히도 오지랖을 넓히며 잘 참는가 싶었는데 어느새 애물단지 노처녀가 되어 있었소.

그 사람은 백마 탄 왕자가 아니었소. 당신이 돌봐주지 않으면 그대로 쓰러질 것 같은 지친 나그네였소. 그런 그를 감싸안으려는 당신을 주위에서는 말리기도 하고 걱정도 했지만, 결정은 결국 당신 몫이었소. 잘 살라는 한마디로 많은 것을 함축한 친정 식구들을 뒤로한 채 씩씩한 걸음으로 시집이란 대문을 들어섰소.

쉽게 들어선 문턱만큼 안에서의 삶은 쉽지 않았소. 지친 나그네를 쉴 수 있게 해주리란 생각은 할 겨를도 없이 지쳐가는 당신 자리는 힘겹기만 했소. 어떤 상황도 현명하게 대처하리란 다짐은 한낱 치기였나 하는 회의에 빠져들게 했소. 예상한 문제들도 막상 앞에 펼쳐지면 허둥대는데 생각 밖 문제들 앞에서는 그저 막막하기만 했소. 그래서였을까, 싹트던 첫 생명이 서서히 졸아들어 차가운 기계에 흔적 없이 사라져 버렸소. 속 시원히 울든지 소리라도 질러보았으면 좀 나았으려나. 느낌만의 생명이었지만 사라져 버린 후 허망함은 세상을 잃은 느낌이라 해도 과장이 아니었소. 그러나 '한 명도 많다 한 집 건너 한 명씩' 하며 인구 증가를 억제하던 때에 선한 눈망울의 두 아이가 있는데 또 하나를 보태는 것은 과욕이라 스스로 달랠 수밖에 없었소. 그렇게 순응하는 마음이 삼신할매 눈에 밉보이지 않았는지 오래지 않아 건강한 사내아이를 안겨줬소. 그 아이로 인한 기쁨은 많은 고통도 너끈히 이길 수 있게 했지만, 내놓고 기뻐할 수 없는 상황이었소. 후처와 계모라는 말에 아무리 예민하게 보이는 반응이라 한들 뉘라서 탓할 수 있겠소. 지나고 보니 별것 아닐 수도 있소만 그때 당신 나이 삼십 대였소.

  정보다 앞서는 의무의 속사정을 누가 알았다면 가증스럽다고 했을 것이오. 용케도 크게 티 내지 않으며 키워온 아이들이었지만, 본능까지 감추지는 못했던 모양이오. 든든한 버팀목이면서 부담도 되었던 시부모님 부재로 홀가분해짐도 잠시, 비로소 위어른 책임감으로 살피게 된 아이들과 큰 괴리감은 상상을 넘은 충격이었소. 소리 없는 아우성으로 입은 상처를 보이지 않게 감추고 있었을 뿐이었소. 속내를 보이지 않은 것은 당신뿐만 아니라 다 같이 속울음을 울고 있었던 게요. 생각하면 가엾지 않은 중생이 없듯 서로가 가엾은 인생, 다음 세상에서는 반듯한 줄 그려지는 가족관계로 만나자고. 입 밖으로 내놓기엔 지나친 감정의 허울이 아닌가 싶어 입속으로만 되뇌었소. 어려서부터 유난히 빨리 되고 싶던 뒤늦은 어른 자리는 그렇게 누리는 것보다 몇 배 혼란스러움으로 차라리 반납해 버리고 싶었소. 그것은 갑자기 주체할 수 없이 남아도는 시간 때문이기도 했소. 어른도 아이도 없는 텅 빈 집에서 할 수 있는 일이란 생각의 꼬리를 끊임없이 이어가다 걱정과 절망으로 끝맺는 것은 사치였다 해도 할 말은 없소. 치료를 받을 만큼 심각했고 절실한 문제들이었소만 의사의 처방은 의외로 간단했소, 집안에서 머리로만 하는 생각을 밖으로 돌려 눈으로 보고 손으로 만지며 결과물을 만들어 보는 외출을 하라는 것이었소. 세상에, 집 밖에서 할 수 있는 일이 그렇게 많은데 지금껏 반푼이로 살다가 그때라도 접할 수 있음에 감사하며 삼십 고개를 넘었소. 생전 처음 수술대에 눕는 경험도 했지만, 그런 것들의 놀람과 별다를 게 없을 정도 사건이었소.

웬 떡이오? 어른 말을 잘 들으면 자다가도 떡이 생긴다더니 당신 오십대는 자다가 떡 얻어먹는 것과 같은 시작이었소. 없던 시절 말이지 요즘 세상에 자다가 먹는 떡이 무에 그리 좋겠소만 점심, 저녁 제대로 못 먹고 자다가 먹는 떡이라면 바로 꿀떡 아니겠소?

거저 안긴 떡은 아닐 것이오만 감사하고 감사한 마음이었다오.

남이 보면 시시한 사건도 내게 일어나면 엄청난 사건이 되고 세상사 별거 아니라지만 뒤집으면 큰 파문이 이는 속에서도 오롯이 간직했던 하나의 바람을 이룬 것 아니오? 덧붙여 잠재해 있던 또 다는 꿈까지 이룰 수 있던 것은 '당신은 세상에서 제일 예쁘고 당신은 무엇이든 잘할 수 있고' 자신과 당신에게 최면을 걸어 매사 당당함을 주는 사람이 있어서였소.

남들이 읽기 바라며 글을 쓰고 들어 주기 바라며 역사와 문화를 이야기할 수 있게 되기까지 큰 고난과 시련이 없었던 것은 주위에 기꺼이 도와주는 사람들이 있었기 때문이오. 이제 당신보다는 도움을 주었던 그 사람들을 위해 무엇을 해줄 수 있을까 생각했으면 좋겠소.

비바람 속에 피는 꽃이 더 아름답다고 잔바람에 피는 꽃이 덜 아름다운 것은 아닐 것이오. 화창한 봄볕 아래 피는 꽃은 더욱 화사하다오. 주위 환경은 가꾸는 대로 변할 수 있소. 쉰 넘어 지금껏 20여 년은 풍랑 뒤 잔잔한 물결 위를 걷는 것 같은 편안함이 이어지고 있지 않소? 20년 넘게 매달렸던 두 가지 해설사를 마감하고 한 가지만 하면서 또 다른 변화를 준비하는 지금, 삶에 욕심부리지 마시오. 사는 날까지 지나친 바람을 접고 작은 이삭을 소중히 여길 줄 아는 지혜를 갖도록 하시오. 건강도 남에게 폐 끼치지 않을 만큼만 챙기시오.

오늘 아침 어머니를 생각하며 미역국을 끓인 것은 잘한 일이오. 여러 사람의 사모곡을 읽으며 부러워하지도 마시오. 이런저런 사람들이 있듯 어머니도 여러 어머니가 있는 것 아니겠소? 무한정 주는 정은 아니었어도 막내를 향한 사랑은 진실이었을 거요.

도마의 변신

　21년 희로애락이 담긴 공로패를 받았다. 설렘으로 시작해서 시원섭섭함으로 막을 내린 흔적이다. 무슨 일이든 원하면 된다는 엉뚱한 생각이 현실이 될 때도 있었다. 감나무 밑에서 입 벌리고 홍시 떨어지기 기다리거나 가만히 앉아있지는 않았어도 얻을 만큼 얻은 것에 감사하며 만족했다. 한 가지 아닌 여러 일을 욕심껏 하며 후회 없이 산 날들의 보상이라 더욱 그랬다. 그런 날이 벌써 한참이나 지났다. 책장 한쪽에 걸려있는 도마를 가끔 쳐다본다.

  어려서 보았던 도마는 부엌 찬장 앞 조리대 위에 놓여 있었다. 크고 기다란 그것은 요즘 도마와는 달랐다. 가로로 붙박이처럼 앉아 세워지는 일이 없어 항상 축축해 있던 것 같다. 위생하고는 상관없는 모습이었지만, 많은 식구 모두 건강했다. 그만큼 많이 사용하다 보니 가운데 부분이 약간 패여 양옆과는 높이가 다른 그 도마는 올케언니 전용물로 내가 써본 일은 별로 없다.

  결혼 후 쓰던 도마는 시어머니가 쓰시는 역시 낡은 것이었다. 낡았어도 워낙 정갈하게 쓰던 것이라 평소의 밥상이나 행사를 위한 요리도 척척 해냈다. 설날이면 쌀 두 말 떡가래를 손이 부르트도록 썰었다. 아프다는 말을 못 한 것은 도마나 내가 똑같았다. 애썼다고, 맛있게 잘 먹었다는 말에 만족하며 며칠을 앓았어도 그것은 내 몫이었다. 비싸지도 않은 도마를 바꿀지도 모르고 아니, 항상 쓰면서도 관심조차 없었다면 모순일까.

언젠가부터 조리 재료에 따라 이것저것 고르고 골라 대여섯 개나 되었다. 그러나 손에 익고 칼과 조화를 이뤄야만 소리 없이 제구실을 다 하는 한두 개만 사용하고 있다. 그런데 변덕도 심하지. 왜 하필 글씨 새긴 그 도마에 이렇게 눈독을 들이는지 모르겠다. 요리 재료 자르는 것뿐 아니라 아직도 속에서 끓고 있는 마음의 용암 같은 것을 쓸어버리고 싶은 생각이 간절해서인가. 그렇기엔 여리디여린 나무의 결이 안쓰러워 가만히 쓰다듬어 줄 뿐 칼을 댈 수는 없어 장식용으로 바라만 본다. 그런데 바라볼수록 눈에 거슬리는 이유는 또 무엇일까. 도마면 도마답게 야무진 모습으로 아무리 단단한 것도 뚝딱 자르고 다듬어 원하는 음식 재료를 돋보이게 해야 하는데 어설픈 내 모습과 비슷하다는 생각이 들어서이다.

  요즘 시어머니 조건은 첫째 연금 수혜자일 것, 건강할 것, 요리를 못 할 것이라는 웃지 못할 소리를 크게 웃으며 듣고 보니 씁쓸하다. 내게 상관되는 것이 하나도 없다. 아니 다행일까? 전에는 어설퍼도 식구들 먹일 음식이라면 귀찮다는 생각 없이 늦은 밤까지도 부지런히 만들어 만족해하는 모습에 행복해하던 때가 꽤 오랫동안 이어졌다. 옛날이야기다. 이젠 내 할 생각도 없고 식구들도 바라지 않는다. 이렇게 변해버린 내 처지를 시대 탓이라면 너무 뻔뻔한 일이겠지? 나보다 열 살 열여섯 살 더 먹은 언니들은 아직도 손수 음식을 만들어 날 부르기도 하니까.

  이젠 주방이 없어진 집 구조도 어렵지 않게 볼 수 있다고 한다. 의아하면서 고개를 끄덕이기도 하면서 한편으론 역할의 변화라고 할까. 정년 퇴임 후 독학으로 갖가지 요리를 배워 가족을 즐겁게 하고 스스로 만족하는 삶을 책으로 엮은 동인의 글을 재밌게 읽으며 남편에게도 보여주니 고개를 끄덕인다. 조금만 젊었으면, 아니 퇴직 후 바로 시작했으면 하는 아쉬움을 표현하는 것 같아 씁쓸하면서도 강요하거나 기대하는 것은 부질없다는 생각이다. 내가 요리에서 멀어지며 그 역할을 남편에게 기대하는 것은 웃기는 일 아닌가.

  요즘 도마는 그냥 장식용으로 걸어두기로 한다. 무늬만 주부인 나나 그것이나 비슷하지 않은가.

마음껏 드세요, 어머니

 어머니는 술이 달다고 하셨지요. 30여 년 전 여든셋에 돌아가신 어머니는 평생을 그렇게 끼니 전, 후로 소주 한 잔씩을 보약처럼 마시며 정말 맛이 있다고 입맛을 다셨지요.

 부엌 뒤뜰에는 항상 큰 소주병이 나무상자에 몇 병씩 담겨 있고, 그 옆으로는 빈 병이 나란히 놓여있었지요. 식당방 찬장 속에는 소주잔이 아닌 맥주잔을 얹은 소주병이 일상 쓰는 그릇이나 반찬들과 함께 자리 잡고 있었고요. 어머니가 술을 마시는 것은 장날이면 사다가 벽장에 넣어두고 하나씩 꺼내주는 눈깔사탕이나 센베 과자를 제가 맛있게 먹는 것과 같은 것으로 알았지요. 다만 "우리 막내 다 크는 것도 못 보고 눈감으면 불쌍해서 어쩔 꺼나" 하면서 절 바라볼 때면 금방이라도 어디론가 떠날 것 같은 어머니 치마폭을 만지작대며 눈물을 비죽대기도 했지요. 엄마와 나를 슬프게 하는 술이 어디로든 다 가버렸으면 좋겠다고 생각하면서요.

초등학교 교장에서 퇴직하신 고지식한 아버지는 제사 때 음복 외에는 술을 입에 대는 일이 없으셨건만 술 마시는 어머니 탓하는 것을 못 보았어요. 언제인가 과한 술 때문에 넘어져 팔이 골절되기까지 했던 때 불편함에 온갖 짜증을 내는데도 다 들어주며 어린애 달래듯 하던 모습은 자못 경건하기까지 했으니 허락된 음주를 마음껏 즐기신 셈이지요?

 어려서부터 병약했다는 어머니는 괜찮게 사는 외가의 1남 4녀 중 셋째 딸인데 병치레가 잦다 보니 이곳저곳에서 점을 보면 그때마다 공부를 많이 시키든지, 나이 차이가 많은 사람과 결혼을 시키라고 했다지요? 그래선지 네 자매 중 보통학교를 졸업한 사람은 어머니뿐, 혼기가 넘는 열아홉이 될 때까지 원인도 모르게 시름시름 앓고 있으니 신 풀이를 해주라는 둥 말이 많을 무렵 딸 셋을 두고 상처한 아버지가 외삼촌이 다니는 학교에 부임해서 담임을 맡게 된 것을 계기로 두 분이 결혼하게 되었다고요. 아버지하고는 열세 살, 큰언니하고는 불과 여덟 살 차이밖에 안 났지만, 바로 큰 오빠를 낳고 건강이 좋아진 데다 할아버지의 며느리 사랑이 지극해서 그리 힘이 들지는 않았다고요.

 아버지와 달리 약주를 좋아하시는 할아버지를 위해 밀주

密酒를 담가 드릴 때 조금씩 맛을 본 게 음주 습관이 된 것일까요. 아니지요? 그보다는 병치레로 살림도 제대로 못 배웠을 어머니가 대식구 살림살이에 평이하지 않은 가족관계의 어려움을 푼 것이 아니었는지요. 이런 생각은 지금에야 해보는 것으로, 평소 머리한 올 흐트러짐 없이 작은 먼지 꼴도 못 볼 정도로 깔끔한 분이라는 것은 안중에도 없었지요. 오직 술을 많이 마신다는 것만이 남한테 창피하고 속상해서 아예 무시하고 살 정도였으니까요. 그런 저에게 술 마실 기회가 오면 병적인 반응의 사양과 자제는 너무도 당연했는데 언제부터였을까요. 대부분 지인들과 식사 자리에서 하는 반주 정도지만 술을 위한 술자리 모임도 가끔 있었는데 이때는 한 잔만, 딱 이번만 하면서 자꾸 권하고 받는 부담에 요령껏 빈 그릇과 물컵 등에 비우는 속임수를 쓰기도 했지요. 그러나 매번 그럴 수는 없어 맛도 모른 채 대부분 마시면서 꽤 마셔도 얼굴색이 변하지 않고, 속이 불편하지 않기에 소질을 타고나지 않았나 생각했지요. 그날도 그런 생각을 하며 마신 뒤 비틀걸음 정도까지 되어 조금 늦은 귀가를 했던 날이었어요. 골목으로 마중을 나오신 시아버님을 보는 순간 찔끔하는 마음과는 달리 횡설수설하며 덕지덕지 눌어붙었던 오래된 푸념 찌꺼기가 깨끗이 벗겨지는 듯한 시원함에 자꾸자꾸 웃었지요. 예전 할아버지가 당신의 애주愛酒를 며느리가 맛보며 그 맛을 익힌 줄 모르셨듯이, 시아버님도 당신 며느리가 술에 취해서 실실거린다고는 꿈에도 생각하지 못하셨을게요. 술은 그렇게 평소 하기 힘든 말과 행동을 펼칠 수도 있고, 던질 수도 있는 고마운 것, 그 매력에 익숙해지지는 않을까 생각하다가 깜짝 놀랐지요. 평소 감정의 굴곡이 심한 것이라든가, 실제의 가족관계 등 여러 면에서 어머니를 많이 닮은 저잖아요. 남편 또

한 우연히도 아버지와 비슷한 점이 많아 취한 내게 조금씩만 마시라고 타이르는 것 또한 마찬가지지요. 함께 해야 할 술자리를 쉽게 빠져나올 비위나 용기도 없고, 권해오는 술 단호하게 뿌리치는 의지도 약해서 주량까지 닮아갈지 걱정을 많이 했어요. 그러면서도 왜 그토록 마셔대느냐고 화를 내는 제게 아주 기분 좋은 얼굴로 '맛이 있어서'라며 행복해하시던 어머니를 떠올립니다.

오늘도 딱 맥주 두 잔 마셨습니다. 더 마실 수도 있었지만, 다들 몸을 사려 저도 그것으로 그쳤지요. 거기에 매월 정기진료를 받으며 이것저것 검사하는 중, 간 수치가 높다며 술은 절대 마시면 안 된다고 했거든요. 지금은 정상이라고 하니 좋은 안주 곁들여 어머니가 즐기는 소주 한 열병 챙겨 '어머니 한 잔, 저 한 잔' 까짓것 그 이상도 상관없지요. 어머니, 마음껏 드세요. 지금은 눈 흘기며 술 마시는 모습 지켜보던 막내가 아니랍니다. 첫 잔 넘길 때의 짜릿함, 몇 잔 마신 뒤의 뿌듯함과 한 잔 더 하고 싶은 욕망을 아는 일흔 넘은 막내딸이니까요.

멀리 뛰기

 멈춘 버스에서 하나, 둘 내리는 사람들을 부러운 눈으로 바라보며 내가 탈 버스를 기다리고 있었다.
 버스 발판을 딛고 거침없이 인도 쪽으로 훌쩍 건너뛰는 사람들, 유난히 키가 크거나 다리가 긴 사람이 눈에 뜨이지는 않는다. 키나 다리 길이와는 상관없는 멀리 뛰기다. 나도 한때는 저랬던가. 까마득한 기억 너머를 더듬는다.
 금강 상류에 속한 마을은 제법 큰 냇물을 가운데로 40여

가구가 엇비슷하게 양지담과 음지담으로 나뉘어 있었다. 우리 집은 양지담으로 커다란 돌다리 열대여섯 개를 건너 음지담을 지나야만 학교로 갈 수 있었다. 10여m 훨씬 넘게 흐르는 물길은 크고 판판한 돌다리가 놓여있어 평소에는 팔짝팔짝 뛰어서 건너면 되었다. 홍수로 큰물이라도 나면 산길로 돌아가는 벼룻길을 이용했고 겨울 끝 무렵 밤새 눈이라도 내려 살얼음 진 돌다리도 용케 딛을만한 곳을 찾아 건널 줄 아는 것이 일상이었다. 그런 어느 날이었지. 교과서 크기와 맞지 않는 기다란 주판을 책보에 비스듬히 꽂아 책보로 묶어 허리에 매고 평소대로 돌다리를 폴짝폴짝 뛰어 건너는데 그만, 주판이 물로 떨어졌다. 어떻게 할까를 생각할 겨를도 없이 돌다리 아래로 풀쩍 뛰어내렸다. 겨울이라 많지 않은 물인데 하필 가운데 흐르는 물 따라 주판은 한참을 떠내려가고 있었다. 처음 배우는 얼마나 신기하고 재미있고 귀한 것인데 놓칠 수는 없었다. 기어이 건져서 나오니 바짓단도 양말도 흠뻑 젖었으나 주판을 잃지 않았다는 안도감에 추운 줄도 몰랐다. 그러나 친구들과 한참 걷다 보니 갑자기 드는 한기와 함께 비죽비죽 눈물이 났었지. 60여 년 세월 넘은 일이 엊그제 일 같이 선명하게 떠올라 두 발 모둠 뛰기도 가뿐하게 할 것 같은데 마음뿐으로 사뿐사뿐 걷는 사람들이 그저 부럽기만 하다.

끊이지 않고 글을 쓰고 연이어 책을 내는 사람들을 멀찍이 바라본다. 멀리뛰기 선수들이다. 두 발 자유자재로 움직이는 그 모습을 보며 내 두 발을 앞뒤로 흔들어 본다. 장애는 아니다. 걸을 수도 있고 건강을 지키는 보행법을 알려준 대로 실행도 해보지만, 잠깐이다. 마음은 성큼성큼 걷는데 실지 내 보폭은 발 길이와 별 차이 없이 쪼작거려서 쪼재기라

놀리던 옛 옆집 살던 할머니 생각을 하게 된다. 글 한 편 쓰기도, 힘차게 한발 한발 내 걷는 것도 왜 이리 힘이 드는지 마치 악몽 같아서 빨리 깨어났으면 싶다.

묵은지와 내 글

 이 통은 좀 나을까? 조심스레 꺼내서 반으로 잘라 줄기와 잎을 반대로 놓고 같은 길이로 잘라 가지런히 담은 뒤 한쪽 집어 맛을 보지만, 아니다. 이것도 아니다. 싱거운 것도 같고 짠 것도 같고, 젓갈이나 배추, 고춧가루 냄새도 없이 씁쓰레한 담배 냄새가 날 뿐이다. 원인도 모른 채 고민한다.
 손톱 길이로 자른 김치 조각은 가루와 버무려 적당량 기름 두른 프라이팬에 노릇노릇 부쳐낸다. 그 반죽에 돼지고기를 갈아 넣거나 오징어를 다져 넣으면 색다른 맛의 김치전이 된다. 비싸지 않은 부위 돼지고기 듬성듬성 썰어 고추장 양념에 조물조물 묻혀 볶다가 고기와 어울릴 손가락 길이 정도 김치를 썰어 넣으면 또 그만한 찌개가 없다.

맛있던 김치에서 군내가 난다 싶으면 한번 씻어서 삼삼하게 푼 된장에 멸치 한 줌 넣어 포기 채 푹 지져 쭉쭉 찢어 밥에 얹으면 바로 밥도둑이 된다. 어디 그것뿐인가. 송송 썬 김치와 한소끔 끓인 김치 콩나물국은 술국으로도 그만이다.

그런 주연과 조연의 김치를 위해 늦가을 갖은양념을 준비해 김장이란 것을 한다. 나이 들어감에 따라 이젠 힘에 부치기도 하고 먹을 입이 줄어드니 담그는 양도 줄지만, 그 연례행사를 거를 수는 없다. 포기 채 사다가 자르고 소금으로 간해서 엎고 뒤집고 밤을 새울 필요는 없어졌지만, 배달된 절임 배추에 준비된 양념을 발라 통을 채우기 전 상전인 아들

딸에게 보낼 진상품을 먼저 고른다. 적당한 크기와 알맞게 절인 상태의 배추를 골라 우리 것보다 조금 싱겁게 정성을 다해서 한 장 한 장에 붉은 옷을 입힌다. 그런 과정을 똑같이 겪은 것들인데 이 쓴맛의 원인은 대체 뭘까.

일상에서 수시로 부딪는 사람과 사물과의 관계에서 확 당겨오는 격한 감정, 때로는 가랑비 스며들 듯 다가오는 감동이 있다. 그럴 때면 상황 따라 휴대전화나 메모지에 끼적였다가 컴퓨터에 옮길 때 털어내기도 하고 덧붙이기도 하면서 엮어내는 것이 내 글이다. 의지 가지 엮은 글은 내놓기가 부끄럽고 이 정도밖에 안 되면서 글을 쓰겠다고 용을 쓰는 이유를 생각하며 맥 빠져 네 손발을 죽 펼쳐 누워버린다. 그게 일상이 되어버렸다. 머리로는 써야 한다는 의무와 욕망이 가득하건만, 머리에서 생각하는 단어도 문장도 어디론가

깡그리 도망을 갔거나 어딘가에 숨어서 머리카락 한 올 보이지 않게 싸매져 있는 것 같다. 마음 따라 몸도 따라가는지 몸과 마음이 척척 죽이 맞는다. 왼 종일, 아니 이틀 사흘도 자판 한 번 두드리지 않고 지날 때가 태반이다. 누군가 쫓아오듯, 당장 옆에서 내 하는 일을 지켜보며 채근하고 나무라는 것 같지만, 그까짓 것 깔아뭉개거나 무시하는 것은 일도 아니다. 어제 그랬고 오늘도 마찬가지 내일이라고 다를 게 없으리라.

쓰디쓴 묵은지와 다를 게 뭐 있으랴. 원인 모르는 쓴 김치와 게으른 내 글쓰기의 다름일 뿐이지.

아프다는 것은 엄살이고 핑계다. 두 손이 없는 사람이 발가락으로 쓰기도 하고 병상일지를 보면 금방 숨이 넘어가는 고통 속에서도 쉬지 않고 작업을 하는 사람들도 많지 않은가. 코로나가 사람을 참 나태하고 무심하게 만드는 것이라는 좋은 핑계를 대며 조금 편안한 곳으로 피해 보려는 마음 안쪽에는 그것을 나무라며 달래는 또 다른 내가 있기도 하다.

안쪽에서 꺼내 본 김치도 보기만 그럴듯할 뿐, 가뜩이나 달아난 입맛에 먹고 싶은 마음은 조금도 일지 않아 결단을 내렸다. 두 통 꽉꽉 채워진 김치를 꺼낸 뒤 큰 비닐 봉투 두 개에 꾹꾹 눌러 담았다. 그냥 버리려다가 김장할 때의 수고와 먹는 음식 함부로 하는 죄책감과 함께 솜씨 좋은 누군가를 만나면 색다른 찬으로 거듭날 수도 있지 않을까? 하는 마음에 내놓는 이유를 간단히 적어 음식물 통 옆에 나란히 놓았다. 얼마 지나지 않아 혹시나 하는 마음으로 베란다에서 바라보니 금방 사라져 보이지 않았다. 다행이다. 어설픈 내 글도 누군가는 고개 끄덕이며 읽어주지 않을까. 그러기를 바라는 마음에 달아오른 얼굴을 두 손으로 감쌌다.

02

박토薄土의 고추
백수白手의 나날
백수 탈출
붕실이와 장다리
사랑
선택
어찌하면 좋을까요
언제던가, 그때가
여유
역사와 설화

박토薄土의 고추

 설마설마했는데 기어코 올망졸망 식구를 거느리고 보란 듯이 서 있다. 오뉴월 불볕 더위는 깊다면 깊은 이곳 산골까지 찾아왔다. 관광객들은 즐거운 표정 속에 강한 볕을 여러 도구로 가리고 피하지만, 박토에 심어진 고추는 꿈쩍도 않고 그 볕을 온몸으로 받아들인다. 그 덕에 가지마다 열린 열매들이 실하다.

 두어 달 전쯤 손바닥 길이 보다 조금 긴 고추 모 일곱 포기를 동료가 가져온 호미로 정성을 다해 심기는 했으나 수돗가 옆 빈터는 거름기 하나 없이 자갈만 흩어진 말 그대로 쓸모없는 박토였다. 근방 사는 동료들은 비료나 퇴비를 갖다가 뿌리고 나는 이따금 조금 굵은 나무 막대기로 북을 하듯 돋워줬다. 그러나 더디게 자라는 모습이 성에 차지 않아 시들해 하기도 했다. 그러거나 말거나 시원찮은 가지가 잔가지를 늘리더니 손톱만한 하얀 꽃을 피우기 시작했다. 쓰러질 것 같은 가지에도 제법 살이 오르며 꽃 진 자리에 꽃보다 작은 열매를 수없이 맺고 있었다. 출근한 직원마다 신기해서 그 옆으로 달려가 눈 맞춤을 했다. 아이들은 주는 만큼, 받는 만큼 자란다고 했는데 그런 아이들과 다를 게 없다. 하루가 다르게 위로 옆으로 맺힌 열매들은 이제는 셀 수가 없을 정도다. 부쩍 자란 고추는 점심때면 몇 개씩 따서 된장에 찍어 먹으며 매워서 호호대기도 하고 싱겁다고 투정을 부리기도 한다. 별 해준 것도 없이 쑥쑥 크는 모습이 대견하기도 하고 안쓰럽기까지 하다. 이제는 그만 따먹고 붉게 익히자는 말도 하지만, 어느새 또 누군가가 따온 싱싱한 고추가 식탁에 올려있다. 조금 미안한 마음을 아는지 모르는지 여전히 벌 나비를 불러 꽃을 피우고 지우며 키까지 훌쩍 키운 고추는 그렇게 매일매일 따 먹어도 어느새 또 빼곡하게 자리를 잡으며 일손을 놓지 않는다. 누구를 위한 헌신일까. 그저 태어났으니 그 자리에서 할 일을 다 하는 타고난 운명일까?

얼마 전 읽은 글과 함께 그분을 떠올린다. 정말 이 고추보다 더한 박토에서 돌보는 이 없이 나고 자란 그분은 나로서는 상상할 수도 없는 크고 작은 시련과 아픔을 의지와 노력만으로 견디고 이겨 기어이 옥토를 만들어 자랑스레 펼쳐 보였다. 비바람에 노출된 온몸은 쓰러질 듯 흔들리고 넘어

질지언정 결코 쓰러지거나 매몰되지 않고 버티며 산 세월을 담담히 엮어놓은 문장은 숭고해 보이기까지 했다. 이제 모든 것이 여유로워진 지금은 조금쯤 게을러지거나 거만과 교만을 슬쩍슬쩍 엿보일 만도 한데 여전히 분에 넘치는 욕심을 멀리하며 검소한 생활에 자족의 겸손함이 돋보였다. 쉴 줄 모르는 열정과 식을 줄 모르는 도전 정신은 살기 위한 몸부림이 아니라 즐기려는 마음가짐이라 안타깝지 않아 좋다.

오늘 점심에도 풋풋한 고추가 올려졌다. 워낙 자주 따다 보니 단단해질 기회를 잃어 매운맛이 덜하지만, 무공해라는 이름표를 달고 여러 사람 입맛을 훔치는 고추의 매력에 모두 흠뻑 빠져있다.

박토의 고추가 제 몫을 톡톡히 하듯, 그 어려운 환경을 평정하고 우뚝 선 그분 모습이 겹친다. 저 건강한 고추가 햇볕과 바람 속에서 더 오래 견디며 열리고 익어가기를, 고추보다 더 맵고 강한 그분의 주어진 삶이 오래오래 이어지기를 바라는 마음에 내 미소가 소리 없이 번진다.

백수白手의 나날

밝은 낮 뒤로한 채 밤을 밝히는 나는 부엉이인가. 가로등인가. 손 가는 바로 옆에 노트북과 필기구 챙겨 놓고도 마냥 허송세월이다. 언제부터였을까. 우두커니 앉아있거나 침구와 한 몸이 되는 것이.

조금 후에, 한숨만 자고, TV 조금만 보고, 만자로 끝나고 마는 달콤한 유혹은 누가 하는 것일까. 실체 없는 유혹에 얽혀 빠져나오기 힘들다. 빠져나오려는 것은 마음속 작은 바람일 뿐 실지 몸은 꽁꽁 묶이기라도 한 듯 옴짝달싹 못 하고 있다. 바빠서 힘들었던 것은 다 지나갔다. 이제는 넘치는 여유를 고마움 없이 타박하는 것 또한 일과 중 하나가 되었다.

 두 번째 앓은 코로나 이후 나 아닌 나가 되어 허공을 나는 듯 헤매다가 보이지 않는 완력에 꺾이고 짓눌려 만신창이가 돼 가는 것 같다. 출입문 비밀번호를 까맣게 잊고도 아무 생각 없이, 아들이 없었다면 아마 문밖에 오래도록 그대로 서 있었을 것이다. 무선마우스 위아래 구분을 못 하거나 내내 사용하던 전기제품 작동을 잊고도 당황할 뿐, 어떻게 해 볼 생각은 못 하는 빙충이 짓이 날마다 눈부신 발전을 하고 있다. 석 달 전 개구리 뻗듯 지름길에서 엎어져 생긴 무릎 흉터 색상은 더 선명해지고 인대가 늘어나고 힘줄이 눌렸다는 왼손 엄지의 움직임은 아직도 불편하다. 이 핑계 저 핑계 늘어놓으며 늘어질 대로 늘어진 일상의 변명에 딱 맞는 하찮은 갖가지 종류 아픔으로 내 안의 갇힘은 여전한데 저승길 예약은 언제 했을까. 가질 만큼 가진 능력, 오를 만큼 오른 직위가 화의 근원이었을까. 너무 어이없고 뜻하지 않은 변고에 또 다른 무너짐이 가슴을 흔든다. 얼마나 견디기 힘들면 그런 선택을 했을지 상상도 할 수 없지만, 한 줌 재 되어 까만 비석 하나 안고 가족 묘원에 자리한 조카. 그에 비하면 난 얼마나 사치스러운 나날인가.

쓰던 컵 한 개와 치약과 칫솔 든 주머니 하나 가방에 넣으려 하니 울컥해지던 가슴, 22년 근무지에서 가져올 것이란 딱 그것뿐이었다. 그동안 근무복과 근무모 등 미리 솔래솔래 가져오긴 했지만, 그때는 홀가분함과 또 다르게 펼쳐질 꿈을 상상하느라 아쉬움은 없었는데 마지막이란 생각은 또 다른 감회를 가져왔다. 그렇게 끝이 난지 한 달여, 꾸던 꿈은 꿈으로 사라진 채 생각 없는 날들로 하루하루가 이어진다.

  되는 일보다 안 되는 일이 더 많은 지난해였지만, '지나간 것은 모두 그리운 것'이라는 시구처럼 조금씩 그리워도 하면서. 그래도 고마운 날들이었다고 생각하는 것도 아주 먼 후일은 아니라는 생각에 조금 슬퍼하기도 하면서. 이런 것들을 잊으려는 이유일까. 5백 쪽 넘은 대하소설들을 계속 사고 읽는다. 앞쪽 읽고 뒤쪽으로 가면 까맣게 잊히는 내용이라도 그냥 한글 처음 익히듯 읽는다. 한쪽도 허투루 넘기지 않고 끝까지 읽고서야 책꽂이에 꽂는다. 인터넷 중고 서점을 이용하라는 권유도 무시한 채 여전히 서점에 들러 회원 카드와 할인 카드를 내밀며 결재하고 나오는 뿌듯함에 백수라도 아직 살아있음을 확인하는 것 같아 기분 또한 괜찮다. 이게 내가 사는 방법이고 의미이기도 하다.

낮이면 멀뚱히 서 있는 가로등은 저녁 7시면 어김없이 제 의무인 불 밝힘을 멈추지 않는다. 나도 낮엔 뒹굴뒹굴 뒹굴다가 저녁이면 부스럭대며 일어나 밖에 줄지어 서 있는 가로등을 가만히 쳐다보며 슬며시 노트북을 펼칠 때도 있다.

백수 탈출

두 달 반의 무료와 초조의 터널 속이었다. 길지 않은 그곳 빠져나오기가 어찌 그리도 힘들던지.

아득했던 터널 속을 생각한다. 종종걸음으로 입구를 찾아 앞으로 뒤로 움직여보았지만, 컴컴한 곳에서 공간 구분이 될 리 없었다. 쪼그려 앉았다가 다시 일어서기를 반복했다. 입을 앙다물고 깜깜한 주위를 둘러보았으나 불빛도 인기척도 없이 그저 조용하기만 했던 터널은 탈출의 가망도 기미도 없는 어둠뿐이었다. 삐질삐질 삐져나오려는 눈물을 애써 꾹꾹 눌러 참았다.

 누구에게나 공평한 시간. 내게 어떤 혜택이나 방법이 주어질 리 없는 시간이 흐른 뒤 도움의 손길이 가물가물 느껴졌다. 고맙게도 그 덕에 빠져나왔다.
 그렇게 애타게 보고 싶던 하늘과 산, 건물들의 희부연 모습을 천천히 바라보기 시작했다. 그런데 이 모순된 생각은 무엇인가. 두 달 반의 시간과 미련이 뱅글뱅글 돌아 가까이 다가왔다. 마음만 먹으면 언제나 잠 속으로 빠져들 수 있던 날들은 안착해서 평화로울 수 있었는데.
 새로 시작한 길 위의 삶이 버겁다. 오래 쌓아온 세월 두께는 아무런 의미도 도움도 안 된다. 파고들 수 없을 만큼 겉도는 나날, 시간이 지나면 조금 나아질까. 익숙해질까, 이를 위해 그토록 기를 쓰며 탈출을 꿈꾸었든가. 다시 되돌리고 싶을 만큼 그 시간들이 그리운 것은 무엇일까. 입구의 방향을 몰랐을 뿐인데 그리 호들갑을 떨며 헤맸던 것이 부끄럽기도 하다.

많은 이가 조금은 부러운 눈으로 보기도 하고 뭐가 그리 아쉬워 또 다른 길을 모색했나 의아해하며 안타까운 눈짓을 보내기도 한다.

일주일 절반의 외출이 고마우면서도 그런저런 눈길이 부담스럽고 허공을 딛는 발짓이 허무해 한숨을 쉬기도 한다. 크든 작든 욕심이 민망해서 고개를 돌리기도 하고 숙이기도 한다.

  이런 시간을 만회해 보려고 사 온 필요 서적들은 무슨 말인지 당최 알 수가 없어 멀거니 바라만 보고 있다.

붕실이와 장다리

    계속 뒷걸음질이다. 그렇지 않아도 커다랗게 튕겨 나온 눈은 아예 몸에서 분리될 것 같다. 작은 물 배추에 입을 대고 헉헉대더니 허연 배를 허공으로 하고 아예 누워버린다. 안간힘을 다해 몸을 뒤집는가 싶다가 다시 옆으로 돌려 몸부림을 치고, 잠시 숨 쉬며 정상 헤엄을 치는가 하면 또다시 진통이 오는지 정신없이 맴을 돈다. 옆에 붕길이가 웬일인가 쳐다보며 같이 돌다가는 슬그머니 꽁무니를 뺀다. 결국 혼자 겪는 산고인지, 죽은 듯 정지하다 다시 몸을 뒤집는데 등지느러미까지 볼록 솟아 보인다.

  아끼는 후배가 어항으로 쓰면 좋을 자기 항아리 하나를 빚어 선물했다. 조약돌과 행운목까지 챙겨주기에 손가락 한 마디 정도 금붕어 세 마리를 사다 넣은 것이 이사 온 지 며칠 안 되어서니 벌써 1년 반이 되었다. 그중 두 마리가 각각 엄지만 한 몸통과 검지와 장지 크기로 자라서 큰 놈에게 붕길이, 작은놈에게 붕실이란 이름을 지어줬다. 그 붕실이가 암컷이었나 보다. 언젠가부터 양옆으로 눈에 띄게 불어난 배, 지난 초여름에도 이런 진통을 겪은 붕실이다. 그때는 산란인지도 모르고 자꾸 뒤집어 허연 배를 보여서 죽나보다고 건져내려고만 했다. 가는 실을 촘촘히 홀 맺은 듯한 모양의 별것 아닐 듯한 산란일지라도 또 다른 분신을 만들어 냄은 그렇게 힘들고 힘든 일이었던 게다.

또 두 장을 뜯어냈다. 이제 남은 잎이라곤 작은 것 두 장이다. 대신 경중 솟은 대의 마디마디에 좁쌀같이 맺혔던 봉우리들이 연보라색 꽃잎으로 하나, 둘 피어나고 있다. 김장하고 남은 무를 겨우내 먹다 보니 뾰족뾰족 싹이 나기에 그 부분만 약간 잘라 물에 담근 지 대엿새나 지났을까? 갓 부화한 병아리 잔털 같던 싹이 줄기와 잎맥을 갖춘 이파리로 변한 모양이 이제 막 소녀를 벗어난 아가씨티를 냈다. 다시 며칠이 지나자 짙어질 대로 짙어진 녹색 잎은 성숙한 아가씨의 모습으로 옆 화분에 심어진 화초들을 슬금슬금 곁눈질하기 시작했다. 진한 눈길의 마주침이었을까? 기다랗게 솟아난 줄기 마디마디에 꽃망울이 맺혔다. 그것은 강한 유혹이었다. 내 몸이 닳아서 하루에도 몇 번씩 베란다 문을 여닫으며 보고 또 보았다. 금방이라도 터질 듯 팽팽하게 부푼 봉우리는 그러나 쉽게 몸을 열지 않았다. 무성하던 푸른 잎이 윤기를 잃은 채 차례대로 맥을 놓고, 그런 잎이 늘어나서야 기다렸다는 듯 꽃대는 더욱 당당해지고 꽃잎은 하나하나 고운 자태를 드러내기 시작했다. "어? 무 쪽도 꽃 펴요?" "그래? 이게 그 꺽다리 장다리꽃이야?" 모두 꽃에만 관심을 보였다. 소리 없이 사그라지는 무 잎의 청춘은 아무도 돌아보지 않았다. 마디마디 원 없는 꽃송이를 펼치는 장다리도 내게 언제 그런 잎이 있었느냐는 듯 제 키만 더 키우고 있다.

지난 설에 있었던 일을 생각한다. 차례상을 차리면서야 수육으로 놓을 돼지고기가 생고기로 있음이 생각났고, 떡국을 먹고 나서야 쇠고기 고명이 냉장고에 그대로 있음을 알았다. 아이들이 저희가 즐기는 게임기로 건망증 정도를 측정해보더니 내 나이에 스물두 살을 더한 결과에 방바닥을 구르며 웃어댔다. "엄마 지능 저하가 그리도 우습니? 다시 해, 이건 엉터리"라며 버럭 화를 내버렸다. 웃어대던 아이들이 머쓱하거나 말거나 난 더 큰 소리로 "다 너희 때문이야 너희 키우면서 진이 다 빠져서 그래" 그냥 재미로 체크해 본 것이니 신경 쓰지 말라는 아이들 말은 아무런 위로도 안 된 채 많이 우울했던 기억이다. 본능으로 보살피고 도리와 책임으로 키웠을 뿐 무엇을 바라며 키웠던가? 배움도 없고 말 못 하는 식물이나 작은 물고기도 제도리를 다하느라 겪는 고통 소리 없이 이겨내는데, 생각하고 말하는 사람이라고 두서없는 푸념 혼자 늘어놓고 우울해하던 기억이 새삼 부끄러워 낯 붉혀지는 날이다.

사랑

〈옷소매 부여잡고 매달리던 너였다면

차라리 뿌리치고 떠날 수도 있으련만

말없이 눈물만 지으니 난들 어이할거나〉

사랑은 늙지도 죽지도 않는다는 말을 생각한다.

애달픈 사랑은 칠십 년 전에도 지금도 가슴 저미게 한다.

우연히 70여 년 전 큰오빠 글을 볼 기회가 생겼다. 동시를 쓰던 오빠에게는 낡은 노트가 서랍 속에 있었지만, 한 번도 펼쳐보지는 않았다. 어린 내가 읽기에 쉬운 글이 아니어서일 게다. 전혀 생각하지 않은 장소에서 뜻하지 않게 지인이 전해준 글이지만, 오빠 생각에 가슴이 뭉클했다.

 스물세 살, 사범학교를 졸업했으나 병역기피자로 발령도 못 받은 채 연고 없는 섬으로 숨어들어 맑은 샘물 같은 아가씨를 만났다. 열여덟 살 정순이, 섬 아가씨답지 않게 뽀얀 피부로 그저 다소곳하니 말이 없는 그녀는 그곳 삶에서 한 가닥 구원이었다.
 보이는 것은 끼룩대는 갈매기와 서로 부딪는 파도 소리뿐, 비바람이라도 몰아치면 물결은 시커멓게 변하고 옹기종기 모여 사는 섬사람들은 뱃사람이 아니라도 집 밖으로 나오지 않았다.

몇 권 가져온 책은 닳고 닳아서 책장을 넘기기도 힘들었다.

개교한 지 10여 년 된 분교지만, 인구는 만만치 않아 학생 수가 적지는 않았다. 역시 뭍에서 조금 먼저 들어와 섬 아가씨와 결혼하고 아이까지 있는 김 선생이 유일한 말 상대였다.

아이들은 어디서나 초롱초롱하고 호기심 어린 눈빛으로 선생님의 가르침 하나도 놓치지 않겠다는 결의 비슷한 것이 보였다. 그 속에 정순이가 있었다. 묻는 말 외에 먼저 말을 거는 일도 크게 웃는 일도 없었다. 나이도 다른 아이들보다 훨씬 많아 친구도 없었다.

뱃일하는 아버지와 새엄마와 그에서 난 동생들이 있다 보니 웬만한 집안일을 다 맡아 하느라 학교도 다니지 않고 있다가 늦게야 학생이 된 정순이는 아빠를 설득해 준 선생님이 그저 고맙기만 했다. 말 대신 가만히 선생님을 바라보는 게 좋으면서 끝이었다.

　한 해가 가고 또 한 해가 가고 있었다. 정순이의 말 없는 미소와 조용한 모습에 뭍의 일을 잠시 잊기도 했지만, 고향의 부모님과 동생들은 얼마나 애가 탈까 생각하면 당장 달려가고 싶었다. 그 사이 막내 여동생이 태어났다는데 어떻게 생겼을까 몹시 궁금하기도 했다.

　고향의 어머니는 동생들에게 '따오기' 노래를 수시로 부르게 했단다. 그때마다 재미도 없는 노래를 왜 자꾸 부르게 하느냐며 짜증을 냈지만, 오직 '서울 가신 오빠는 소식도 없고 나뭇잎만 우수수 떨어집니다' 이 대목이 가슴에 닿아서였다. 어찌 낳고 키운 아들인데 볼 수도 만날 수도 없이 떨어져 숨어 지내야만 하는가. 이럴 줄 알았으면 남들 가는 군대 그냥 보낼 것을 지나친 큰아들에 대한 사랑이었을까. 유난히 겁

많은 아이는 군대 가는 것은 죽는 것보다 싫다고 했다. 부모 말을 거역해 보지 않은 큰아들에 대한 믿음과 기대는 분명 과잉보호였으니 이렇게 떨어져 고통스러운 것은 자업자득일지.

앉아도 서도 누워서도 죽었는지 살았는지 모를 큰아들 생각에 하루도 마음 편한 날 없던 세월도 그렇게 지나갔다.

꼭 데리러 가겠다는 생각만으로 그친 정순이와의 사랑? 사랑은 하나가 아니었을까?

때로는 생각하고 때로는 잊으며 정순이 같이 조용한 아내와 육십 년을 넘게 해로하며 여덟 남매를 두었다.

아흔한 살에 세상을 떠나며 2년 후 만나자고 약속한 아내도 아흔한 살이 되었다.

"2년 후 만나자더니 이렇게 아파 금방 죽을 것 같은데 왜 데리러 오지 않느냐"며 힘들어하는 올케를 본다.

육십 년이 훨씬 넘는 세월 살아온 것도 분명 부부의 진한 사랑이었으리라.

선택

 두 포기가 포장된 것을 골랐다. 각기 다른 가격의 한 포기, 또는 세 포기 포장도 있었지만, 둘이 쌈을 싸 먹기로는 적당한 양이다. 혹 너무 맛이 있어 부족하면 내일 다시 사면 되고 맛이 없어서 버릴 정도라 해도 작은 배추 두 포기다.
 사는 동안은 이렇게 쉬운 찬거리 하나 고르는 것부터 사후 매장이나 화장, 수목장 등의 때로는 어렵지만 개인적인 것에서부터 대통령이나 시 군 의원을 뽑는 대중적인 것까지, 끊임없는 선택의 연속이다. 그런 선택은 첫돌을 맞는 날부터 시작된다. 걸음마를 할 수 있든 없든 상관없다. 차려진 돌상에 장수를 기원하는 실과 부를 상징하는 쌀, 학문을 염원하는 붓이나 연필을 놓았던 옛날과 달리 요즘은 장난감 마이크나 컴퓨터용 마우스와 청진기, 돈이 다를 뿐 돌쟁이의 돌잡이는 다름이 없다. 조그만 손과 그만한 생각으로 선택의 기로 앞에 선다.

  그때 부모가 원하는 물건을 집으면 다행이지만 그 마음 모르는 아이의 행동에 속상한 철부지 부모를 어느 돌잔치에서 본 일이 있다. 부와 명예를 갈망하는 부모 마음에 아랑곳없이 아무것도 잡지 않고 울어대는 아기는 외할머니 품에서야 울음을 그치고 뒤늦게 잡은 것이 마이크였던가. 대부분 아기가 음식은 먹어본 것을 먹지만 장난감은 낯선 것을 원하기에 당연히 평소 보지 못한 것을 집을 밖에. 밋밋한 지폐

한 장에 손이 갈 리 없다. 마이크 잡는 직업으로 많은 돈을 벌려나 보다고 위로 아닌 위로를 하며 돌쟁이의 순간 선택이라도 결코 가벼운 것만은 아니라는 생각이 들었다.

선택이란 이렇게 남이 하는 것을 지켜보며 마음 졸이기도 하고 때론 내가 누군가에게 선택되거나 그렇지 않기를 간절히 바랄 때도 있다. 내가 하는 것과 달리 그것은 더 어렵고 힘든 일일 수도 있다.

오래전 일이다. 걸음걸이부터 거슬렸다. 쿵쿵 딛는 발소리가 조심성이 없었다. 무엇이 못마땅한지 잔뜩 찌푸린 표정은 긴장해서 그러나 싶어 긴장 풀고 편한 마음으로 하라고 했더니 "긴장 안 했는데요." 퉁명스레 내뱉는 대답에는 어이가 없어 얼굴은 웃으면서 마음으로는 가위표를 했다. 다른 해와 달리 배수가 넘는 지원자가 몰렸고 그중 안면 있는 사람도 있어 나중 원망이라도 들을까 조심스럽고 내가 계속 그런 자리를 맡아도 괜찮은가 싶어 많이 망설이다 응낙하고 나간 지리였다. 사실 미리 받아본 지원자 중 유일한 내국인인 데다 경력 또한 그런 외지에서 일하기에는 아까운 정도여서 웬만하면 두 명 중 한 명은 그녀를 선택하리라 마음먹었는데 질문에 돌아오는 답은 그려놓은 가위표에 짙은 색을 씌우게 했다. 끝난 후 옆 의원이 준 점수를 보고 나 혼자의 느낌이나 감정은 아닌 것이 그나마 다행이라는 생각이 들었다. 회화점수마저 비슷해서 홀가분하기까지 했지만, 채점표를 넘겨주고 나오는 발길이 가볍지는 않았다. 내가 그 자리에 앉았다면 몇 점이나 나올까. 젊은이 앞날에 오점이 남게 한 것은 아닌가. 성격 아닌 행동은 때에 따라 달라지기도 하는데 내 선택으로 인해 꼭 필요한 사람을 놓치는 것은 아닐지 하는 생각 때문이었다.

생각해 보면 잠을 못 이루고 고민 끝에 했던 선택이 엉뚱한 결과로 돌아와 난감할 때도 있었고 마음에 없는 선택을 강요당할 때도 있었다. 결혼이 그랬다. 마음과 달리 늦은 결혼의 조건은 나와 상대 성격의 합일이 최선이지만 현실은 달랐다. 이것이 맞으면 저것이 틀어지기를 반복하며 기회는 점점 줄어드는 상황에서 만나 그래도 사십 년 넘게 크게 부딪치지 않고 살고 있는 것은 선택을 잘한 것인지.

앞으로도 선택할 것은 많다. 책을 내기 위한 작품과 표지 디자인 등, 당장 필요한 것과 앞으로 하고 싶은 일의 기회에 빠져보는 모험 등 그러나 이젠 내 능력 이상에 욕심은 부리지 않기로 한다. 변화가 수월하게 이루어지면 다행이고 생각 밖 결과가 펼쳐져도 편하게 팔자려니 생각하기로 한다. 선택은 혼자 마음만으로 되는 것이 아니기에.

어찌하면 좋을까요

"껑구지(지우지) 마세요. 아직 다 안 베꼈어요." 앞뒤 친구들이 "껑구지 말래, 껑구지 마" 책상을 치며 웃어 댔지요. 50년도 더 된 이야기예요. 60명이 훨씬 넘는 친구들로 시끌벅적한 교실에서 그네들 웃음거리가 되는 사투리에 주눅이 들었어요.

기대에 찬 시골뜨기 전주 유학 생활은 그렇게 재미도 보람도 없이 1학년을 마치고 2학년이 되었답니다. 유일하게 흥미를 느끼며 좋은 성적을 내었던 국어 과목을 맡으셨던 선생님 반이 된 것은 큰 기쁨이면서 오늘의 저를 있게 한 계기가 되었다고 생각한답니다.

2학년 국어 교과서에는 국내외 문학 작품들을 부분적으로 소개하는 내용이 있었지요. 오빠의 서재에서 읽은 책들과 같은 방을 쓰는 독서광인 언니의 영향으로 작가를 비롯해 책 제목과 간단한 줄거리 정도는 쉽게 대답하는 저를 선생님은 대견해하셨지요. 어떤 문학 작품을 제게 읽게 하시고는 '내용을 이해하고 읽으니 듣기도 좋다'는 말까지 해주셨습니다. 그 이후로 지금까지 특별히 잘하는 것도, 자랑스레 내세울 것도 없는 제가 항상 자신감을 느끼고 살아가는 것이 선생님이 해주신 그 한마디 때문인 것을 아시는지요? '칭찬은 고래도 춤추게 한다.'고 뒤늦은 나이에 문단에 등단해서 말단에서나마 꾸준히 활동하고 있는 것이나, 부족하지만 문화와 역사를 설명하는 해설사로 남 앞에서 당당한 것도 다 선생님 덕이란 생각을 합니다. 평범한 학생에게 무심코 하셨을지 모르는 선생님의 간단한 칭찬 한마디는 이렇게 오랫동안 남아서 제게 큰 영향을 주고 있으니까요.

저는 선생님이 특별히 아끼는 제자도 아니었고 살갑게 군 제자도 아니었기에 강산이 몇 번째나 변하는 세월 속에서 기억에도 없는 제자이리라 생각했습니다만, 아니었지요? 모교 ○○주년 기념식에서 뵈었을 때 여전히 고운 스물여섯 처녀 선생님으로 분명 제 이름을 정확하게 불러주셨으니까요. 그런 선생님이 계신 것이 고맙고 자랑스러웠습니다. 제 나이도 이제 칠십이 가까워져 옵니다만 남 앞에서 글을 읽거나 말할 기회가 되면 선생님의 칭찬을 받던 중학교 2학년으로 돌아갑니다. '내용을 이해하고 읽으니 듣기도 좋다'는 그 말에 어긋나지 않으려 또박또박 읽고 말하려 무진 해를

씁니다. 선생님 고맙습니다.

　그런데요 선생님, 요즘 불면의 밤이 계속되고 있습니다. 한 달 건너 두 문학회에서 연거푸 상을 받는 영광 속에 '상복이 터졌다는 둥, 의외라는 둥, 받을만하니 받았다는 둥, 늦게 받은 편이라는 둥, 축하와 격려, 시샘과 질투가 범벅된 말, 말들로 한동안 정신없이 지냈어요.

　시간은 흐르고 이제는 부담과 책임감에 시달린다면 행복한 비명이 될까요? 청탁원고 한 편에 수상전보다 몇 배의 신경 쓰임은 차라리 고통입니다. 수상을 했다고 해서 얕팍한 머리로 쓰는 그렇고 그런 글이 하루아침에 달라질 리 없으련만, 노력은 부진하고 마음만 다급해 어찌할 바를 모르겠습니다. 책을 읽어도 글을 써도 시작과 끝이 여일하지 않습니다. 시작만 있고 끝이 없습니다. 눈은 글자를 읽고 손끝은 좌판을 두드리면서도 머릿속은 허공을 휘젓고 다닙니다. 남들의 '이까짓 글, 이 정도 글'이란 말이 귓가를 스치고 손가락질이 눈앞에서 맴을 돕니다. 어찌하면 좋을까요? 선생님. 이 수렁을 언제나 벗어날 수 있을까요?

언제던가, 그때가

'올해도 두 말의 쌀을 불려 건져 놓았다. 방앗간에 가져갈 일이 걱정이다. 남편은 출근했고 연로하신 시부모와 어린애들 셋뿐이니 식구는 많아도 거들어줄 사람은 없다.' 30여 년 전 내 일기 한 구절이다.

시댁은 양력설을 쇠었다. 양력설을 권장할 때이기도 했지만 결혼한 시누이 여섯이 모두 모일 수 있는 이유도 한몫했다. 종손인 시아버님이라 큰일이 있을 때면 모이는 사람만

줄잡아 40여 명, 그 뒷바라지는 오롯이 함께 사는 내 몫이었다.

불린 쌀은 몇 개의 소쿠리에 나눠 담아 옮기느라 20여 분 거리의 방앗간 오가기를 몇 번이나 했을까. 양력설 쇠는 집이 많지 않아 오래 기다리지 않았어도 따끈하고 말랑말랑한 떡가래가 나올 때쯤이면 짧은 겨울 해는 이미 기울고 있었다. 떡가래 부피는 불린 쌀에 비해 반도 안 되었지만, 무게까지 줄어든 것은 아니었다. 그대로 방앗간 떡가래 판에 말렸다가 기계로 썬 뒤 옮길 수 있으면 얼마나 좋을까. 그렇게 하라는 어머님 허락 떨어질 때가 있을까. 꼼꼼하신 시어머님 허락받는 것은 내 바람일 뿐이었다. 많은 사람이 드나드는 방앗간, 뉘 집 것과 바뀔 수도 있고 깔끔하게 보관해서 제대로 썰어줄지 도무지 믿을 수 없다는 고정관념을 깨트리기에 젊은 며느리의 설득은 역부족이었다.

불린 쌀을 옮긴 횟수보다 조금 적게 같은 거리를 오가며 떡가래를 날랐다. 가지런히 늘어놓은 떡가래 채반 위에 상보를 덮어 마루에 열을 지어 앉혀 놓았다. 그 옆에서는 아이들이 뛰어도 안 되고 그 둘레는 빗자루 대신 걸레질만 해야 하는, 적어도 이틀 동안 그곳은 신성불가침 지역이었다. 그러나 그것은 시작에 불과했다. 똑같은 제물로 네 상을 차려야 하는 차례상에 어떤 이의를 제기하거나 거스를 수 없이 명절 한참 전부터 걱정과 준비를 함께 했다. 마른 것부터 사들인 제물은 어머님 지시에 따라 뒷방에 차곡차곡 쌓아 놓고 빠진 것은 다시 채우는 일을 혼자서 계속했다.

　열일곱 살에 층층시하 새댁이 되셨다는 시어머님은 친정에서 몸종까지 데리고 오셨지만, 큰일을 아랫사람에게 맡기지 않았다는 말씀을 누누이 강조하셨다. 시대의 변화 같은 것이야 당신과는 무관했다. 며느리라면 당연히 해야 하는 일, 불평이나 불만은 하찮은 사람들이나 하는 본디 없는 짓이었다. 나도 본디 있는 며느리이고 싶고 그래야 마땅했다. 시원찮게 왜소한 내 체구지만 강단과 고집은 뉘한테 지지 않아서 무슨 일이든 터덕대거나 미루지 않았다. 그 덕에 시어머님 염려나 미움은 받지 않아 다행이라면 다행이었을까? 일을 저지르거나 못한다고 뒤로 뺐으면 무슨 수가 생기지 않았을까?

  전과 적을 부치고 지지느라 기름 냄새에 절고 온종일 썰어댄 떡가래 덕에 부르튼 손바닥 아파할 새도 없이 다가온 설날 아침. 떡국이 맛있다고, 전이 맛있다고 한 그릇, 한 접시를 더 청하는 가족들 사이로 부지런히 발길을 옮기는데 "너도 어서 먹거라" "자네도 같이 먹지 않고" "당신은?" "엄마는 안 먹어?" 들리는 말, 말들…….

소태맛이 된 내 입과 떡국 솥 앞에서 찔끔찔끔 흘리던 눈물은 설날 연례행사로 한동안 계속되었다.

이젠 내가 시어머니가 되고 차례상도, 모이는 사람도 단출해졌다. 그런데 참, 모를 일이다. 떡국 솥 앞에서 찔끔대던 그 시절이 그립고 그리운 얄궂은 이 마음을.

여유

하얀 강아지가 까만 고양이를 뒤쫓는다. 쫓기는 고양이가 담 위로 살짝 오르자 멍멍 짖어보던 강아지도 어디론가 사라진다. 조금 있다가 바둑이와 다시 나타난 흰 강아지가 담 위를 보는데 움직이지 않는 고양이, 졸고 있나 보다.

봄볕은 차츰차츰 앞집 마루 깊이 찾아들고 작은 마당 가로는 가시가 다보록한 탱자나무 한 그루 높이 서 있다. 막 피어나는 보얀 목련과 노란 개나리도 그 옆에 나란히 줄을 섰다. 집 뒤 대숲은 바람에 일렁이고 앞 밭머리에는 가지런히 자리한 옥매화가 흐드러졌다. 밭이랑을 푸르스름하게 하는 것은 찬바람을 이겨내고 일찍 돋아난 구슬쟁이나 벼룩이자리이리라. 아니 돌나물과 냉이 일지도 모르겠고 큰개불알풀이나 꽃다지일지도 모르겠다.

버스의 열어놓은 앞뒤 문으로 들어오는 바람은 차갑지만 신선해서 참을만하다.

여유는 잠시고 내 급한 사정을 읽기라도 한 듯 앞에 멎은 버스는 가려는 곳까지 맞아서 물을 것도 없이 올라탔다. 그런데 웬걸, 잘못 탄 버스였다. 내 가야 할 반대 방향으로 고개를 돌린 버스는 띄엄띄엄 떨어져 몇 가구씩 모여 있는 집과 집 사이를 쉬엄쉬엄 달린다. 가는 곳을 반대로 읽었던 모양이다. 이걸 어떡하나? 당장이라도 내리고 싶지만, 그래봤자 막막한 시골길이다. 급히 가야 하는 병원이나 은행도, 시장 보는 것도 접어서 한쪽으로 밀쳐 포기한 채 버스 속도에 마음을 맞추다 보니 아침에 왔던 종점이다.

  출발한다던 시간보다 20여 분이 지났건만 긴 치마에 긴 앞치마를 입은 젊은 여자와 이야기에 바쁜 버스 기사를 재촉할 엄두가 안 나서 침만 꼴깍 삼켰다. 이제 와서 늦어진들 어쩌랴. 벗어나지 못할 바에야 즐기라는 말이 있지. 눈을 들어 앞뒤를 살핀다.

  나뭇가지에 걸려 거슬리는 찢어진 비닐은 그 옆 목련나무 가지로 가리고 이지러진 깡통과 빈 병 나뒹구는 길섶은 노란 민들레 웃음으로 가려본다. 얼마나 지났을까. 몸 가누기조차 힘들어 보이는 할아버지와 부스스한 머리에 크고 작은 보따리 두 개를 든 아주머니가 역시 힘들게 오른 뒤에야 버스는 천천히 출발한다. 오던 길을 되돌아 지나는 마을을 되짚어 주는 버스 속 안내가 빨랫줄 걸친 바지랑대만큼이나 살갑다. 크고 작은 옷가지들이 널려 펄럭이는 사이로 오랜만에 보이던 대나무 바지랑대.

관음마을, 무릉마을, 왜망실 덕적골 등 시내에서 조금 비켜 있는 마을들은 그렇게 정겨운 이름과 편안한 모습으로 내 눈과 귀를 스친다. 줄 서서 연두색 꽃을 피운 버드나무는 저수지 찬물에 좌욕하다가 한기가 드는 것일까. 잔잔한 가지를 진저리 치듯 흔든다. 올 때는 못 보았던 바로 옆 산기슭에 분홍 진달래가 드문드문 서서 고개를 갸웃거린다. 잎 하나 피지 않은 가지 아래는 아직도 작년 쌓인 낙엽 위에 눈이 소복한 이른 봄이다. "십일조를 다시 낼 수 있게 해달라고 얼마나 열심히 기도했는데 당연히 내야지" 4년 만에 다시 건네받은 남편 월급명세서를 쥐고는 돌아올 뻔한 답을 생각하며 묻는 내게 돌아왔던 답을 다시 떠올린다. 시간은 정오를 훌쩍 넘었는데 버스는 여전히 서두르지 않고 야트막

한 고개를 서서히 넘는다. 고운 봄볕 아래 생각지 않게 즐긴 4년 만의 여유로 온몸과 맘이 충만하다.

역사와 설화

오래된 얘기와 글을 다시 치장해서 올린다.

글로 전하는 역사와 말로 전해지는 설화. 역사를 챙기면 설화가 울고 설화를 다독이면 역사가 분노한다. 이도 저도 어려운 숙제의 부담을 가득 안고 닷새 동안 이어진 강행군은 끝이 났다. 몇 해 전 이야기다. 모 방송의 드라마 〈정도전〉으로 다시 부각 되는 조선 태조 이성계에 관한 역사와 설화를 중심으로 이론과 현장학습을 겸한 교육이었다. 그에 연계된 전북지역 해설사들이 받은 하루 9시간씩의 강의나 10시간의 현장학습은 또 다른 시작에 불과할 뿐이라는 생각을 떨칠 수가 없었다.

 강한 카리스마와 함께 절제할 줄 아는 여유, 기다릴 줄 아는 느긋함과 민첩하게 해치우는 단호함 등 한마디로 정의할 수 없는 성격. 고래 싸움에 새우 등 터진다고 중국 원나라와 명나라의 끊임없는 갈등에 같이 휘둘리고 엎친 데 덮친다고 들끓는 왜구에 골머리를 앓던 고려 말의 정세. 오랫동안 왕권을 노리며 준비를 한 야심가, 시류에 따라 자연스레 왕권을 쥘 수밖에 없었던 팔자소관의? 왕, 조선 태조 이성계. 강사마다 다른 의견과 다른 주관의 강의에 뚜렷한 식견도 주관도 없는 난 그저 흔들리며 혼란에 혼란을 겪을 수밖에. 다양한 대중매체가 전하는 갖가지 이야기가 역사와 설화의 확실한 구분을 모호하게 만드는 것이 유난스러운 이때 받게 된 강의라 더 한지도 모르겠다. 듣고 배운 또 다른 많은 이야기를 현장에서 어떻게 풀어낸단 말인가. 수강자 대부분의 공통된 문제이고 고민이기에 '흔들리지 않고 피는 꽃이 어디 있으랴' 하는 시인의 시구로 혼란스러운 서로의 마음을 달래기도 했지만, 그것도 잠시 죄지은 것같이 무거운 마음 내려놓기가 참 힘들었다.

사학자는 사실 위에 군더더기 입힌 이야기는 사정없이 걷어내라고 했다. 설화 전문가는 무한하게 엮어낼 수 있는 이야기는 많을수록 좋다고 했다. 떼어내고 긁어내고 그 후에 남는 것은 무엇일까. 빈 그릇만 남아서 소리만 요란하지 않을까. 부풀리고 포장한 역사의 언저리 이야기는 후세에 어떤 영향을 미칠까. 기록된 역사라고 다 바르고 떠도는 설화라고 다 거짓일 수는 없지만 믿을 수밖에 없는 것이 기록이고 흘려들을 수밖에 없는 것이 설화다. 한 발 두 발 걸으며 발자국을 내는 것이 역사라면 바람 따라 흔적 없이 떠도는 것이 설화다. 역사는 아는 자가 기록해서 이어왔지만, 설화는 알게 모르게 듣고 퍼트려 또 다른 이를 통해 돌고 돌며 이어오는 것이기에 다를 수는 있어도 틀릴 일만은 아니다. 이 둘을 어떻게 다독이고 버무려 바르게 전달할 수 있을까. 십 년을 넘게 같은 장소에서 같은 이야기를 그럴싸하게 되풀이하면서도 항상 들던 의문과 생각들에 복잡함만 덧씌워진 것 같다.

근래에 일어난 나라 안 사건 사고들을 생각하지 않을 수 없다. 다양한 방송들이 앞다투어 전하는 소식에 안심하고 기대도 걸어보며 잠든 저녁이었다가 아침이 되면 다시 뒤집힌 소식에 분노하는 날들 아닌가. 이런 세상에서, 이런 사실에서 백년, 많게는 천년도 넘는 세월 저편의 이야기를 어찌 다 옳다고 믿으며 다 맞다고 고개 끄덕일 수 있겠는가. 죽은

자는 말이 없고 흐른 세월 또한 시치미 뚝 떼고 있는 것을.

　기록은 한정되고 풀이는 다양하고 곁들인 이야기는 끝이 없다. 역사적인 사실인 이성계의 황산대첩 진군津軍로 와 회군回軍로 곳곳에 펼쳐진 많고 많은 이야기는 기록의 역사를 뛰어넘는다. 진군로 에는 대승을 거둘만한 계시와 징조가 보이는 그럴싸하면서도 황당한 이야기가 펼쳐지고 회군로 에는 왕권을 향한 교두보 역할의 지명 이야기와 왕이 될 수밖에 없는 당위성과 정당성이 기록을 바탕으로 깔려 있다. 왕조가 하루아침에 바뀔 수 있는 일인가. 시대적인 배경과 흐름의 소용돌이 속에서 빠져나와야만 한다는 절실함에 탈출구가 보인다면 매달리리라. 설사 그 탈출구가 유토피아로 통하지 않는다는 것을 안다 해도 답답한 현실에서 벗어나고 싶은 바람은 본능일 수 있다. 그 본능에 충실한 사람들과 그것을 견디며 죽음을 택하는 사람 또한 또 다른 바람은 있을 것이다. 다 같이 걷는 길이라고 생각까지 같을 수는 없으리라. 여러 역사는 이렇게 시작되고 씌어져 전해지고 익히며 또 다른 역사를 창조하는 것. 기록되지 않은 더 많은 이야기는 역사를 따라 슬금슬금 걷다가 답답해서 달리다가 다시 훨훨 날고 있는 것이리라.

지금은 유언비어라고 일축하는 이야기들도 먼 훗날 역사를 바탕으로 한 설화로 더 많이 퍼져 있을 게 분명하다. 그때는 역사와 설화가 서로 어깨동무하며 서로의 이야기에 고개를 끄덕일지도 모르겠다.

03

유월이 오면
이별 앞에서
장롱을 밀어낸 나의 서재는
칠순이 할매 일기
텃새와 김치 항아리
행운도 끝이 있을까
행운을 보다
흐느끼는 목마
흔적

유월이 오면

'유월이 오면'

향기로운 마른 풀밭에 누워

그대는 노래를 부르고 난 노래를 짓고

오, 인생은 즐거워라. 6월이 오면

중학교 때 접한 〈로버트 브리지스〉의 아름다운 시가 떠오르는 6월이다.

아슬아슬 6·25를 지나서 태어나 비극의 현장을 모른 채 언니들의 이야기를 소설 속 이야기인 양 무릎을 바짝 갖다 대며 듣는 난 행운아라 할까.

밤이면 빨치산들의 극성에 식당 방이 산실이 되어 기대도 기쁨도 없는 노 산모의 막둥이로 태어난 것을 접는다면.

황량하던 논밭에 생기가 도는 6월이 돌아왔다.

아침저녁 차창 밖으로 보는 반질반질 윤나는 논둑 안에서 넘실대는 물속에 돌쟁이 머리카락 길이만 할까? 기계로 심은 모들이 나란히, 나란히 줄지어 서 있다. 참 보기 좋다. 그 옆 가지런히 정돈된 밭이랑에 심어진 고추와 고구마 순들은 이제 막 땅 맛에 길들어 가는 모습으로 눈길을 사로잡는다. 그 옆으로 머잖아 수확을 기다리는 감자는 고랑과 이랑도 구분 못 할 만큼 푸르게, 푸르게 온 밭을 덮고 있다. 분명 실한 감자가 줄줄이 딸려 나오리라. 포실하게 찐 감자를 베어 문 듯 입맛을 다신다. 내가 가꾸지 않았어도 배부르다. 옛 시절 보릿고개라 일컫던 계절에 마음으로는 만滿가실 풍요를 느끼는 요즘이다.

바로 엊그제까지만 해도 빨갛고 노랗게, 진분홍 연분홍 색깔로 다투어 피어나던 꽃들은 언제냐 싶게 자취를 감추어버렸다. 대신 초록 잎들 사이로 하얀 꽃들이 다소곳하지만 선명하고 분명한 모양새로 고개를 내밀고 있다. 치장하지 않고 아양 부리지 않아도 눈길 사로잡는 소박한 아낙의 모습이랄까. 봄과 여름 경계를 소리 없이 허물어 버리고는 시침 뚝 떼고 있는 새침데기 아가씨 같다고 할까?

시구詩句와 꽃 얘기로 채우는 지금이 고맙지만, 어렵던 시절 눈물 나는 그리움도 있다. 쌀독은 바닥을 보인지가 한참인데 밭에 보리는 아직 익지 않은 보릿고개의 설움을 겪지 않고 나이 먹은 이가 몇이나 될까. 학교에서 나누어준 원조

구호 물품 옥수숫가루 죽도 다 먹지 않고 남겨 집으로 가져가던 친구도 많았다. 나도 꽁보리밥 위를 종잇장처럼 얇게 펼쳐 덧씌운 쌀밥 마술의 도시락이 싫다고 투정하는 철부지가 아니었다. 배고픈 하굣길, 밭둑에서 덜 익은 풋보리 꺾어 그을려 먹으면 비릿하고 살캉거리는 맛에 까맣게 변해버린 입술이나 손은 상관없었다. 저만치에 흐르는 냇가가 있으니까. 바로 옆 밀밭에서 꺾은 간식(?)으로 씹던 껄끄러운 입속의 밀도 물에 껍질을 헹구면 껌이 되어 일거양득, 퍼석거리는 그것에 지천인 끔나무(쥐똥나무) 열매를 한 주먹 따서 같이 씹으면 끈기가 생겨 배고픔과 함께 심심함을 잊는 귀갓길이었다.

  세상사 생각하기 마련이라고, 물 반 잔을 두고도 '물이 반 잔이나 남았네.' 와 '반 잔밖에 없네.' 차이를 흔히들 말한다. 목마를 때 물 반 잔이 간에 기별이나 될까만, 긍정과 부정의 의미로 생각하면 천지 차가 아니던가. 지금 세상이 어떻게 돌아가는데 반거충이 노인네 생뚱맞은 호시절 타령이라 해도 별수 없다. 나도 마스크를 생명줄처럼 쓰며 백신도 자진해서 맞던 때가 오래된 얘기가 아니지 않은가. 분노할 만한 정치판과 사회 안팎 뉴스에 밖으로 내뱉지 못할 험한 말도 중얼대고 억울한 사람들 이야기에 주먹을 쥐었다가 폈다가 내 마음과 생각을 덧댈 방법도 고민해 본다. 다만, 직접 행동하는 노인네로 주책은 부리고 싶지 않다. 저절로 얻어지지 않은 지금의 평온이 소중해서 사는 날까지 흔들리지 않고 지켜나가고 싶다.

여전히 써지지 않는 글로 안달하며 휴일을 훑어보니 며칠을 기다려야 한다.

운 좋게 잡아 감사한 일자리인데도 휴일을 기다리는 모순과 공존한다. '솔바람 부는 하늘의 흰 구름이 그려놓은 눈부신 궁전을 바라보며 그이는 노래를 부르고 나는 노래를 짓고 아…' 남편과 가까운 등산길을 오가며 외우면. 진정 즐거운 인생이 될 것만 같아 설레는 유월이다.

이별 앞에서

거실 유리창을 통해 바라보는 마당과 정원이 오늘따라 새롭다. 이 모습을 얼마나 더 볼 수 있을까. 아래채를 덮던 키다리 라일락과 달랑 두 송이 피었지만, 그 어느 해보다 곱던 동백나무가 나란히 서 있다. 새들의 놀이터와 곳간인 뜰보리수 나무. 그 나무에 치여 그토록 많이 열렸던 열매를 남김없이 떨어뜨리고도 말 없는 앵두나무는 오른쪽에 자리하고 있다. 가운데 우뚝 섰지만, 조밀한 식구들에게 빼앗긴 영양

분으로 남의 집 나무만큼 푸르지 못해 안쓰러운 감나무. 그 사이에 철쭉과 모란이 있고 맨 앞쪽으로는 연분홍 상사화가 지금 한창이다. 꼭지 빠진 풋감 몇 개가 어제, 그제와 같은 모습으로 마당에서 뒹군다. 울컥, 나도 모르게 설움 같은 것이 가슴을 휘돈다. 이제야 남편과 동병상련의 마음이 되는 것일까. 70여 년 된 집에서 60여 년을 살아오는 사람과 그 절반쯤을 함께하면서 만들어온 이야기를 추억으로 남겨 놓고 떠나야 하는 지금에서야 내 집이란 강한 애착이 든다.

  오십보다는 육십에 가까운 난 지금껏 이사라고는 해본 일이 없다. 당연히 내 집 마련을 위한 고생도, 갖고 난 후의 뿌듯함도 느껴보지 못해 맹물 같은 삶이었다면 배부른 타령일까?

  언니 집에서 중고등학교를 다니는 동안 딱 한 번 있었던 언니네 이삿날은 조퇴까지 하며 어찌나 설레발을 쳤던지 도움은커녕 귀찮기만 하다는 언니의 핀잔을 듣고도 섭섭하지 않았다. 새로운 집, 새로운 방이라 좋았던, 작은 변화라도 있어야 흥이 나는 내가 즐기는 일은 방안 물건들을 옮기는 것이었다. 결혼 전에야 책상 하나 달랑 옮기면 됐지만 결혼 후에는 쉬운 일이 아니어서 친정 조카들까지 동원해서 일 년에 서너 번은 기어이 옮기곤 했다. 하다못해 위아래 서랍이라도 바꿔 끼우든지 물건이라도 바꿔 넣어야 직성이 풀리던 때였기에, 남편의 수고 했다는 말 대신 "또 야?"하는 지겹거나 한심하다는 표현이라도 상관없었다. 그러던 것이 붙박이 가구들인 양 자리한 지 언제부터였을까. 지금도 수시로 옛날 같은 변화를 원하기는 하지만 마음뿐, 엄두가 나지 않아서 언젠가 이사하기만 기다려 왔다. 그러던 엊그제 집 매매계약을 했는데 남편은 시무룩한 채 저녁도 뜨는 둥 마는 둥 맥없어 보였다. 난 솔직히 시부모께 물려받아 오래된 낡은 집에 대한 애착이 내 손길 간 것만큼 뿐이기에 이사하는 설렘에 들뜨던 맘을 누르느라 더 힘이 들었다. 어설픈 철부지 할망구라 뉘 나무라거나 흉을 본대도 별수 없다.

가보지 않고 해보지 않은 일에 더 많은 호기심과 궁금증은 당연하지 않을까. 나이를 먹는다고 마음까지 금방 달라진다면 너무 서글프다는 생각이다. 그 옛날 엿장수네 작은집 반질반질 윤나던 마루같이는 아니라도 치우고 정리하면 쉽게 빛나는 작은 집을 갖고 싶다. 그곳에서 예쁘고 정갈하게 신혼 때 못해본 소꿉장난 같은 살림살이를 해보고 싶다. 그 집에서는 거추장스러워 젊어서도 못 입었던 화사한 홈드레스를 나이와 상관없이 잘잘 끌어보고 싶다. 잘 정돈된 작은방에서는 근사할 글도 써지지 않을까?

시집갈 아가씨 꿈보다 더 큰 꿈을 부풀리며 이틀을 보낸 아침, 내 맘이 요사를 부리는가. 뜬금없이 눈물을 질금댄다.

닫히지 않아 그저 열어두고 사는 방문 들을 쓰다듬어보고 두고 갈 수밖에 없는 장독대 항아리들도 눈으로 더듬는다.

 매년 음력 정월 말날에 담던 간장과 거기서 떠낸 된장은 그렇게 맛있다고들 했지. 둘째 형님이 알려준 대로 담근 고추장도 맛이 있어 가르친 보람이 있다고 농담인 듯 흘리며 흐뭇해했는데 요즘은 간장도 고추장도 담지 않는 텅 빈 항아리들이 쓸쓸한 실직자같이 담 밑에서 풀 죽어있다.

 평상 한 개는 남편이 옆집에서 버린 대문 한 짝을 가져와 벽돌을 괴어 만든 최신식이고 하나는 안 쓰는 장롱과 옛 전축 보관하던 단단한 상자를 잇대고 비닐을 씌운, 내가 만든 오래된 평상 대용 앉을 자리다. 보기에 궁상스러운 것들이지만 한때는 우리 아이들 놀이방이자 호박고지와 무말랭이가 일광욕 다이어트하는 장소였다.

 그 옆에 놓인 한 귀퉁이 떨어진 화분은 모래를 깔고 콩나물을 기르면 통통하면서도 날씬한 모양새로 잘 자랐다. 줄 바지랑대를 대신한 녹슨 철제 옷걸이. 늘어지는 빨랫줄을 한 번 감아 팽팽해진 줄 위에서 쏟아지는 햇볕으로 옷가지들은 고슬고슬 말랐다. 그 옷들을 개키며 차분해지던 마음을 다시 느낄 수 있을까? 사소하고 시시한 것들까지 촉수를 늘여 내 감정을 흔든다.

새댁이 할머니가 되어가는 동안의 설움과 기쁨이 고스란히 배인 이곳을 못 떠나는 것만 아쉬워한 난 누구였을까. 하루에도 열두 번 변하는 게 사람 마음이라지만, 이렇게 추스르기 힘들게 변덕스러운 것이 이별인지.

늙어가는 것이리라. 20년 가까운 이삿날을 그리움과 함께 떠올려 보았다.

장롱을 밀어낸 나의 서재는

　참자, 참아야 한다. 까딱 말대꾸라도 잘 못 했다가는 서재라는 명목마저 잃어야 할 판이다. "잘하면 남편까지 내다 버리겠다." 불같이 화를 내는 남편을 보며 할 말을 꿀꺽꿀꺽 속으로 삼켰다.
　이것저것 늘어놓아도 무리 없던 한옥에서 작은 아파트로 옮기고 보니 모든 것이 옹색하기만 했다. 그래도 작은 서재는 꼭 꾸미고 싶었다.

손때 묻고 눈길 머문 한 권, 한 권을 책장에 보기 좋게 건사하는 대신 장롱 한 짝은 거실 신세를 져야 했다. 현관을 들어서면 먼저 뜨이는 장롱 옆면이 거슬렸지만 어쩔 수 없었다. 그러다가 그마저도 치워야 할 사정이 생겼다.

어떤 경연대회에 나가 운이 좋아 우승을 한 계기로 몇 매체와 전화 인터뷰가 있었는데 그중에는 방송 프로그램에 내 일과를 담아서 내보내고 싶다는 연락이 온 곳이 있었다. 처음 겪는 일이라 망설이면서도 못 할 것도 없다 싶어 응했는데 일터는 물론 집안에서의 생활도 찍고 싶다고 했다. 이를 어쩌지? 거실에 들어서자마자 버티고 선 장롱 한 짝을 먼저 보게 하고 싶지는 않은데. 그렇다고 남편한테 버리자는 말은 차마 못 한 채 촬영 날짜는 다가오고 입이 바작바작 탔다. 심 봉사가 스님과 한 약속 후의 마음이 이랬을까?

안 떨어지는 입으로 간신히 꺼낸 내 말에 예상한 대로 당장 촬영 약속을 취소하라고 노발대발 난리가 났다. 사생활 노출의 금기는 물론 떨어진 양말 한 짝 버리는 것도 싫어하는 사람인데 오죽하랴. 불특정 다수에게 집안을 공개하며 장롱을 버린다는 것은 말도 안 될 수밖에. 그래도 엎드려 읍소하는 시늉이 통해 장롱이 있던 자리에 촬영 도구들이 세워졌다. 서재를 중심으로 한 촬영의 방송화면은 실지보다 괜찮아 보였는지 여러 사람 연락이 한동안 이어졌으나 못마땅한 남편 표정은 바뀌지 않았다. 덧붙여 한 마디씩 내뱉는 "보지도 않는 책 치우고 그 자리에 장롱을 넣었으면 되었잖아" 하는 말은 십여 년이 지난 지금까지도 이어지고 있다.

글을 조금씩 알게 된 때부터 오빠 방 책꽂이에 빼곡하게 꽂힌 책들이 참 보기 좋았다. 꺼내서 펼쳐보아도 뭐가 뭔지 모를 내용이었지만 나도 크면 꼭 그렇게 꾸며 보리라 생각했다. 그런 생각이 잡다한 시련?을 이기고 몇십 년 만에 현실이 되었다. 소중한 공간에 소원대로 책이 쌓여갔다. 양식이 넉넉하면 먹지 않아도 배부르다고 하듯, 보기만 해도 흐뭇했다. 사서司書라도 된 듯 그날그날 오는 책과 서점에서 산 책을 일일이 기록하고 작은 책장을 사서 보태며 서재에 머무는 시간이 길어졌다. 행복이 별것이던가. 부러울 게 없었다. 읽는 재미보다 모으는 재미가 더 컸던 기간이 아니었나 싶다.

그런데 '넘침은 모자람만 못 하다.'고 하더니 시간이 흘러 서점에서 사 온 책은 물론 동인과 단체에서 보내오는 책이 많을 때는 하루에도 대여섯 권, 책장을 늘리는 것이 한계에 이르렀다. 집을 늘려서 옮기기 전에는 쌓이는 책을 정리할 방법이 쉽지 않다. 방 크기에 맞는 책장을 채우고 남는 책들이 늘 돌쟁이 키 높이로 쌓여있다. 추려내고 덜어내고 이리저리 필요한 곳에 보내도 마찬가지, 줄지를 않는다. 마치 소설 속 화수분같이. 무엇으로 쌓인 이 책들을 밀어낼까.

칠순이 할매 일기

장화

"아이고, 장화 한 번 신고 빗속에서 철벅거리면 묵은 체증이 내려갈 것 같은데…." "철부지 여편네…." 뒷말을 생략해 버리는 남편. 비가 올 것 같으면서 오지 않는 하늘을 혹시나 해서 한 번 더 쳐다보지만, 응답은 없다. 거실 한쪽에 놓인 장화가 "아직도 예요?" 하면서 쳐다보는 것 같다. 분홍색도 같고 연한 갈색도 같은 반장화다.

 부슬비가 내리는 초여름 날 멋쟁이 친구가 신고 나온 진녹색에 자잘한 꽃무늬가 그려진 장화가 그렇게 예뻐 보일 수 없었다. 비슷한 것을 고르려고 여러 신발가게를 돌아다녔으나 헛수고로 고민하다가 인터넷쇼핑 달인에게 부탁해서 사 놓은 것이 한 달이 넘었다. 그동안 비가 전혀 오지 않은 것은 아니다. 주로 밤에 오거나 낮에 땅만 잠깐 적시는 정도로 감질나게 했다.

 주차장과 맞닿아 차도를 가운데로 내가 근무하는 사무실이 있다. 맑은 날은 그냥 평범하고 평탄한 도로는 비가 조금만 내려도 흐르는 흙탕물이 강을 이룬다. 얼마 전 보이는 앞산 입구 공사를 한 뒤 그렇게 변해버렸다. 웬만한 높이 운동화로는 그 물길을 건너기 어렵다. 발에 물을 적시지 않기 위해선 위로 4~50m 걸어갔다 와야만 했다. 그때도 장화를 사야겠다든가 신어야겠다는 생각은 못 했다. 아는 만큼 보이고 보는 만큼 생각한다.는 말은 여행이나 지식 창고 채움에서만 사용하는 단어가 아님을 실감한다. 오늘 마침 비가 내렸다. 일부러 조금 짧은 바지에 장화를 신고 보무도 당당히? 사무실로 향했다. 50여cm 강폭?을 왔다가 갔다가 하며 소원 풀이했다. 체증과 함께 두통까지 씻어졌다. 모든 일이 이렇게만 풀리면 얼마나 좋을까.

큰오빠를 만나다

얼마 만에 들른 친정인가. 형태까지 바뀐 집은 부모님 부재가 한두 해도 아니건만 서먹해서 아쉬운데 오빠와 올케의 변한 모습에 더 마음 아프다.

아흔한 살 오빠는 소파에 초점 잃은 모습으로 정물처럼 앉

아이고 여든아홉 올케는 두 무릎으로 기면서 반긴다. 흐르는 세월의 변화는 당연해도 이건 너무하다. 또렷하지 않은 눈과 불편해서 뺐다는 보청기로 대충 살아가는 오빠의 나에 대한 기억은 내 세 살에 머물러 있다. "너 시 살에 처음 만났어. 어머니가 너를 데리고 섬에 있는 나를 찾아왔지. 그때 시 살 먹은 니가 내게 처음 했던 말이 '오빠가 선생님이라고 했는데 군인이네' 참 똘망,똘망 했어" 사범학교 졸업 후 병역을 기피 한 채 섬으로 들어갔던 오빠는 그곳에서 6·25를 만나 오가지를 못하고 있으니 어머니가 그 후 태어난 나를 데리고 전쟁이 끝날 즈음 섬을 찾았던가 보다. 구호물로 나온 군복을 걸쳐 입었던 것을 어린 눈이 허투루 보지 않았던 모양이다. 같은 말을 대여섯 번 반복한다. "그 시 살 배기가 일흔이 되었어요. 오빠." 했으나 들은 척도 않는다. 당신 기억 속 막냇동생 나는 처음 보았던 세 살에 그대로 머물러 있다. 무슨 말을 해도 당신 기억이나 생각을 바꿀 수는 없는 것 같다. 한여름 겨울용 점퍼를 입고도 춥다고 벗지 않으며 자꾸 눈물을 흘린다. 왜 우느냐고 물으니 "가야 하는데 가고 싶지 않아서"란다. 삶에 대한 집착이라기보다 애착이겠지. 나름으로 순탄한 인생, 길어진 수명에 특별히 아픈 데도 없으니 어찌 삶에 미련을 품지 않으랴. 내 미래일 수도 있다는 생각에 착잡해진다.

어쩔 수 없다

"오늘 장날도 아닌데 왜 이렇게 사람들이 많지?" 옆 사람이 들릴만한 소리로 말했으나 누구도 답은 없이 발 들여놓기도 힘들 만큼 빼곡한 사람들로 만원인 버스를 간신히 탔다.

또 하루를 앞선 날짜 인식으로 여러 사람을 놀라게 하거나 번거롭게 했다.

그동안 두 번 치매 검사를 했다. 제 말귀를 빨리 못 알아들어 답답하다며 권하는 막내를 따라 처음 갔을 때나 잦은 건망증에 스스로 걱정이 되어서 갔을 때나 결과는 걱정할 정도는 아니라고 했다. 그래도 삼십 문제 중 서너 개씩 틀리고 보니 무신경할 수는 없다. 더구나 제일 기본인 날짜나 요일이 자꾸 헷갈려 문제가 생기는 것이 빈번해서 두렵기도 하다. 젊었을 때 두부를 사다가 화장대 서랍에 넣어 엉망이 되게 하거나 가스레인지에 올려놓은 빨래나 음식을 태울 때도 있었지만, 그리 심각하게 생각하지는 않았다. 그러나 지금은 바로 내 일같이 다가온 수많은 건망증을 넘은 치매 증세와 실지 가까운 사람들의 요양실태를 넘치도록 듣게 되는 날들 이어서이다.

간단한 증세로 찾는 안과나 피부과에서조차 원인도 결과도 다 나이에서 찾고 나이와 연결해 버린다. 그것을 피하려고 피나는 노력을 하는 사람, 아직은 내 일이 아니라고 무시해 버리는 사람 등 각양각색인데 어쩔 수 없잖아? 이제 막 칠순이가 된 나는 혼자 중얼거린다. 그리도 가기 싫다던 오빠도 결국 한 줌 재로 변했다. 나고 죽고 나이 들고 병드는 일생을 어쩔 것인가.

텃새와 김치 항아리

 통마다 가득 채워진 김장 김치들을 김치냉장고에 꾹꾹 쟁였다. 겨울의 끝 무렵에나 세상 구경하게 되련만, 들어가지 못한 통들은 뭣 모른 채 불만을 내뿜는 듯했다. '소외 되었다고 생각 마라. 냉장고 못지않게 시원한 자연공간은 따로 있단다' 속으로 다독이며 장독대 한쪽 앞집과 경계인 담 밑 항아리에 차곡차곡 옮겨 앉혔다.
 '히히, 이렇게 좋은 곳이 있는데' 저희끼리 신나는 환호 음이 귓가에 들리는 것 같다. 작년보다 배추 포기 수는 줄었는데 김치는 훨씬 많다. 수요와 공급의 엄청난 불균형을 맞추는 방법으로 배추를 갈아엎으면 정부에서 보상해 준다는 정책에 고개를 갸웃했는데.

두어 해 전만 해도 이맘때 채소가게는 산처럼 쌓인 배추 더미 둘레에 흥정하는 사람들로 북적이고 골목골목 비릿한 젓갈 냄새가 진동했다. 품앗이로 김장한 뒤 들어온 김치는 작은 항아리를 채우고 그만큼이 나갔으니 이득이니 손해볼 일이 없었지만, 매일 조금씩 다른 맛 김치를 맛볼 수 있는 것은 큰 횡재라도 하는 기분이었다.

며칠 동안 떠들썩한 동네 김장이었다. 통깨, 통깨를 노래하듯 하며 빠른 손놀림의 앞집 형님, 양념거리들을 당신 생김처럼 작고 귀엽게 썰던 큰형님, 맛있는 젓갈만큼이나 구수하고 재미난 얘깃거리로 사람들을 웃겨주던 김제 형님,

소녀 취향의 갖가지 장식품들이 가득한 것과 달리 상차림은 시골 할머니 밥상같이 수북수북 담아내던 뒷집형님 등 모두 떠난 집터는 보여주고 체험하는 건물들이 들어서고 골목은 낯선 관광객들로 시끌벅적하다.

 음식을 돌릴 이웃도, 받을 아랫집도 없이 조용히 끝나버린 김장이 너무 싱겁다. 그럴싸하게 이름 붙인 한옥 마을의 김장은 정이 오가는 품앗이가 아니라. 참여하고 보여주는 이벤트로 꾸며진다. 구경꾼들 모여서 왁자지껄 쳐다보며 웃고 나면 끝이다. 빈 골목에 휑하니 바람 불어 뒤늦게 떨어진 낙엽만 혼자 뒹군다.

 절 일로 바쁜 용기 엄마와 뒤늦게 터 잡은 뒤 직장에 나가는 은파 엄마를 운 좋게도 오늘 다 만났다. 나와 똑같은 아쉬움 속에 남아있는 텃새들이다. 헤어져 돌아와 항아리에 차곡차곡 담긴 김치 포기를 꺼냈다. 통깨를 듬뿍 뿌리고 랩을 씌워 그네들 대문을 두드리던 기분을 뭐라 할까. '사랑은 받는 것보다 주는 것이 행복하다.'는 시구같이 앞서거니 뒤서거니 같은 터전에 발 딛고 살아온 이웃이기 때문이다.

아파트로 떠난 이웃들이 김치냉장고에 들어간 김치통들이라면 남은 우리들은 합류 못 한 담 밑 항아리들이 아닐까. 편리한 주거환경은 누릴 수 없어도 봄이면 화단 앞에 쪼그려 앉아 작게 움트는 새싹을 바라보고 비바람에 온몸 시리게 부딪혀도 말간 하늘과 밝은 그대로의 햇빛을 바로 바라볼 수 있는 우리들과 김치 항아리만 누릴 수 있는 혜택이리라.

돌고 도는 인생같이 언젠가 우리도 떠난 텃새 따라가 버리면 날아온 철새들이 또 다른 텃새 되어 다른 얘기 나누며 살아가겠지. 또 언젠가는 환경 따라 변하고 기후 따라 달라져 철새 텃새 구분 없이 어울려 살아갈지도 모른다. 일 년 양식 김장이라는 큰 갈무리 해놓고도 후련함 뒤 묘한 허전함이 밀려오는 하루다.

  올해도 주문한 날짜에 김장 김치가 배달되었다. 지인에게 부탁한 김치는 맛도 좋다. 나이와 지병을 핑계 삼아 5년째 편하게 산다. 첫해에는 뭔가 죄짓는 것 같고 푸짐하지 않아 아쉬웠지만, 해가 거듭되니 당연한 것이 되었다.
  남만 변하지 않고 내가 더 많이 빠르게 변하는 이것을 무엇이라 말하랴. 썼던 글을 다시 읽어보니 격세지감이다. 조금 더 세월이 흐르면 아예 누워지내는 것은 아닐까? 그냥 슬프다.

행운도 끝이 있을까

 행운도 끝이 있을까. 이사 선물이었으니 17년을 함께한 나무다. 처음 포토 분에 담겨 왔을 때는 그냥 풀이었다. 한 뼘도 못 되는 밋밋한 나무토막에 붙은 작은 파초잎 같은 이파리 두 장이 전부였다. 목마르게 행운을 구가하지는 않았지만, 행운목이란 이름이 좋아 애지중지했다. 보답하듯, 자라고 또 자라고 정신없이 잎이 자라고 대까지 자라며 이파리 수를 늘렸다. 지나치게 늘어서 손으로 뜯어주는 것은 역부

족일 정도였다. 가위로 쓱쓱 자른 이파리는 시간이 조금 지나면 금방 자라서 질릴 정도였다. 몸피까지 커져 커다란 플라스틱 통으로 옮겼다. 그 또한 보답이었을까. 포도송이 같은 모양새의 하얀 꽃이 뭉게구름 피어나듯 줄줄이 피어나 현실이 아닌 것 같은 달콤한 향기가 온 집안에 퍼지기도 했다.

한 때였다.

딱 한 번 피었던 꽃은 추억이 되어버린 채 꽃이 필 무렵이면 행여나 행여나 하는 바람과 기다림을 주면서 키와 이파리만 무한 늘리고 있다.

넓지 않은 베란다에 떡 버티고 선 모습에 놀라기도 하고 남국에 있나 하는 생각을 잠깐씩 하며 나무 끝을 보기도 했지만, 뽐내고 있는 너무 큰 키에 아끼던 마음은 사라진 채 물마저 의무적으로 주고 있다. 어쩌다 받아먹는 물에 별 불만도 없는지 내색도 없이 끄떡 않고 자리를 지킨다.

  같이 살기에는 어울리지 않는 덩치가 부담스러워 관리실 직원에게 하소연 아닌 하소연을 하니 그냥 밖으로 내놓으란다. 다행히 임자를 만나면 좋고 아니면 수거비만 주면 된다면서.

  근데 이건 또 무슨 심보인가. 키운 것이 아깝고 임자를 못 만나면 어떻게 될지 뻔한 안쓰러움에 차일피일 미루고 있다. 아무래도 이 겨울도 함께하지 싶다.

  잠깐이었지만, 내게도 소소한 행운이 굼실굼실 은근히 몰리는 때가 있었다.

  아니나, 순간이었다. 행운이라는 믿음은 허망한 거품. 아이들 비눗방울 입 아플 만큼 신나게 불어도 남는 것은 아무것도 없듯, 내가 누리는 행운도 그런 것이었다. 행운목의 꽃과 향기같이 욕심을 버린다, 접는다. 하면서도 입만 앞서고 마음은 저 속에서 여전히 꿈틀거림을 멈추지 못하고 있다.

끝없이 번지는 욕심을 넘는 추한 욕망, 던져버리고 싶지만, 그러지 못함의 안타까움에 마음 시리다.

멀거나 조용한 소리에 말할 수 없을 만큼 답답해 찾은 이비인후과에서 어느 정도 각오하고 예상했지만, 충격이었다.

노화성 난청으로 기본 청력 50%가 파괴되었단다. 회복은 불가능해서 방법은 보청기를 끼는 방법밖에 없다니.

떨리는 팔다리와 두통에 검사와 상담이 끝나고도 한참이나 일어서지 못했다.

소리가 시끄러울 때가 얼마나 많았던가. 듣지 않으려 이어폰을 써봐도 여전히 들리는 소리에 입술을 깨문 적도 있었지. 잘 들려 고마운 것을 깨닫지 못해서였지.

사는 것이 다 그런 모양이다. 좋은 것을 좋은 줄 모르고 안 다고 해도 이미 끝나버리고 마는 짧은 순간

행운과 같이, 행운목과 같이.

행운을 보다

 일고여덟 가지에서 하얗게 하얗게 일주일여 피어나던 행운목꽃이 시들었다. 시든 꽃 되지 않을까? 아쉬운 마음으로 비를 들고 쓸고 나니 이젠 꽃대를 자르는 일만 남았다. 꽃이 그리 예쁘지는 않지만, 향기는 진하고 꿀을 안고 떨어진 꽃은 베란다 문 열기가 미적거려질 정도로 끈적임이 퍼져있다. 키운 지 17년 만에 피운 꽃이라 오랜만에 갓난아기를 보는 것 같은 기쁨으로 온 가족이 설레었다.

한밤중 응급실이지만, 의사가 되려고 하는 고만고만한 의대생들만 바삐 움직일 뿐 아수라장 같은 큰 병원 응급실이 아니라서 좋았다. 시설이 뛰어나거나 오랜 전통을 갖고 있지 않아도 집에서 가까운 곳에 있는 이런 병원은 생활에서 꼭 필요한 조건이다. 더구나 몇 년 전 내게 갑작스레 찾아온 질병으로 걸음걸이도 불편하던 때였다. 지인의 소개로 들렸던 날 친절하게 맞아준 입구 접수대 간호사가 알려준 대로 들어간 ○○○○내과 전문의 친절은 지금껏 4년 동안 이어지고 있다. 이 병원 저 병원 기웃대거나 고민할 필요 없이 당연히 그 병원으로 달렸다. 가면서도 내내 행운목꽃을 생각했다. 괜찮을 거야. 괜히 행운목이겠어? 그 행운목에 꽃이 피었잖아. 원래 행운이나 행복은 소리 없이 오는 것, 간절한 기도 대신의 중얼거림이었다.

남편의 갑작스러운 토사곽란은 괜찮아질 것이란 기대를

접은 채 119를 부르는 상황에 이르러 응급실을 찾았다. 응급환자들이 아닌 듯 조용히 침상에 누워있고 진료 의사들만 계속 바쁜 발걸음이었다. 기운이 빠진 남편 역시 다른 사람들과 별다르지 않았다. 그렇게 꼬박 두 시간 남짓, 처치는 끝나고 하루 이틀 입원을 권하는데 남편은 고개를 저어 고집을 알기에 힘들게 부축해서 귀가했다.

 기어이 거실에 눕겠다기에 자리를 펴니 바로 베란다 문 뒤로 행운목꽃이 하얗게 웃고 있었다. 눈을 뜨는 것도 힘이 드는지 감고 있었지만, 나와 같은 마음 아니었을까. 행운목꽃이 피었으니 분명 아무 일 없었던 듯 씻은 듯 나으리라는 생각. 그런 바람대로 몇 끼 먹던 죽도 밥으로 바뀌어 내가 언제 아팠느냐며 훌훌 털고 일어났다. 행운목꽃이 갖다준 행운이랄까.

물밀듯 밀려오던 관광객이 뜸한 월요일, 동료와 산책길을 천천히 걸었다. 산속에서 수줍게 피어나던 진달래는 흔적도 없이 물가 철쭉만 뾰족뾰족 꽃망울을 틔우고 있다. 머잖아 화사한 꽃 무더기 어우러져 오가는 이 시선을 빼앗으리라. 이른 봄 가녀린 바람꽃을 시작으로 작디작은 별꽃과 신비한 청남색 종달새 모양 현호색, 성만 같은 온갖 이름의 제비꽃 등 무리 지어서 혹은 혼자서 수놓던 갖가지 꽃들 사라진 채 이제 온 산이 연두색으로 물들었다. 한가한 오후 휴식은 그렇게 연초록 색상이 편안함을 준다. 걷는 김에 작은 공원 아담한 정자 앞으로 다가갔다. 작년이던가. 그전이던가. 코로나가 한참이던 때 해설 대신 코로나 예방과 주의 사항이 박힌 어깨띠를 두른 채 관광객을 맞을 때였다. 정자 앞에 수북이 펼쳐진 크로버 중 네 잎짜리가 유난히 많아 보이는 대로 뜯었더니 한 주먹으로 오가는 이들에게 한 잎씩 들려주니 모두 미소로 받았었지. 그깟 작은 풀잎 하나지만, 행운이라는 이름의 의미 탓이었으리라. 주는 이 받는 이 함께 기쁨을 누리는 순간이었다.

그때를 생각하며 다시 그 자리에서 네잎크로버를 찾아 옆에 있는 글로리아에게 바로 주었다. 받은 얼굴이 환하다. 외국인이지만, 오래 살다 보니 우리 정서와 크게 다르지 않다. 주고받는 기쁨, 이것도 행운 아닌가.

멀리 있거나 대단한 것이 아니라 바로 가까이서 느끼는 이런 사소한 기쁨이 바로 행운인 것을.

흐느끼는 목마
허소라 선생님

"야, 야! 선생님 오셔" 다급한 옆 친구 소리를 귓등으로 흘렸다.

"〈흐느끼는 목마〉? 목마가 어떻게 흐느껴?" 빼앗은 책으로 내 머리통을 내려친 선생님은 교탁 위에 책을 놓고 아무 일 없는 듯 수업을 시작했다. 그렇지 않아도 싫은 과목 시간, 머릿속은 온통 빼앗긴 책 속 읽던 내용뿐이었다. 누가 책 한 권 가져오면 돌아가며 읽다 보니 원주인한테 돌려질 때면 새 책이라 해도 너덜너덜해질 정도의 시절, 중3 때였다.

  허소라 선생님은 그렇게 내게 다가왔다. 대학교 학보에 실린 글을 읽은 부산의 여고생 리뽀가 보낸 글을 시작으로 주고받은 사연들을 엮은 책은 그 무렵 우리들의 베스트셀러였다. 신석정 선생님이 붙여주셨다는 '소라'라는 필명 때문에 언니가 되어버린 선생님은 한동안 시침 뚝 떼고 언니가 된 한참 후에야 사실을 밝힌 다. 그때부터 적극적인 그녀의 연서로 바뀐 글은 우리 가슴을 설레게 하기 충분했다. 사춘기에 접어든 그때는 헤어짐도 낭만이었다. 절정은 리뽀의 결혼식에서 사랑하는 이를 축복으로 보내며 그 시절 노래 '라노비아'를 부르는 장면이었다. 나도 꼭 이런 사연을 만들고 싶다는 엉뚱한 동경은 몇 년 후 현실이 되었고 막상 내 일에는 오래 가슴 쓰린 아픔을 겪어야 했던 것도 추억이 된 채 중년이 되었다. 힘든 시집살이가 끝나고 여유롭게 찾은 것이 마침, 선생님이 진행하는 전북예술회관 문학 강좌였다.

수강생 20여 명은 성별과 나이 등 각기 다른 모습이었지만, 공통점은 선생님을 좋아하는 것이었다. 60 대 중반쯤 되셨을까. 흐느끼는 목마 속 소라를 찾을 수는 없어도 내겐 여전히 젊은 소라였다. 비위가 좋거나 특별한 이는 별의별 질문과 웃은 소리를 늘어놓고 질문을 해도 선생님은 그저 조용조용 할 말만 했다. 강의 또한 특이할 것 없이 진행되었으나 문단의 굳건한 입지와 조용한 성품이 그런 분위기를 연출한 것 같다.

예술회관 사정으로 강의는 길게 이어지지 못한 채 마지막 강의 날 특이하게도 남자 런닝셔츠 한 장씩을 선물로 받은 것이 지금도 잊히지 않는다.

그 후 다시 시간이 훌쩍 지나서 나도 등단한 후 문학 자리

이곳저곳에서 자주 만나게 되고 동향同鄕이라는 친근감까지 생겨 이런저런 가벼운 일까지 부탁하고 들어주는 가까운 선생님이 되었으나 윗자리의 독보적인 존재로 어려운 것은 마찬가지였다. 그러다 조금 더 가까워진 계기는 신석정 문학의 삶과 조명으로 40년을 바친 선생님이 부안 석정 생가 옆에 세워진 석정문학관 초대 관장이 되고 얼마 안 된 때였다. 마침 우리 단체의 전국 규모 행사가 부안에서 열리고 총책을 맡은 난 선생님께 강의 한 꼭지를 부탁드렸는데 뜸 한 번 들이지 않고 기꺼이 응낙해 주셔서 어찌나 고맙던지. 선생님은 오히려 그리 많지 않은 강의료를 고액으로 여기며 전국을 대표하는 사람들 앞에서 한 강의를 잊을 수 없다는 말씀을 두고두고 하셨다. 역시 단발머리 우상이셨던 선생님은 영원한 우상이셨다.

  그런 우상의 흐트러짐이 속상했다. 하루에도 서너 번씩

같은 말로 되풀이하는 전화는 나중에는 당혹감으로 자연스레 수신 거절까지 해버렸다. 여기저기 선생님의 소문은 알게 모르게 퍼져 있었다. 난 아무것도 모르는 채 시치미를 떼면서도 조용한 선생님께 찾아온 그 몹쓸 병이 원망스럽기만 했다. 그렇게 앓다가 떠나신 선생님은 내 가슴 속 깊이 온전히 박혀있다.

흔적

그들은 현란했고 때로는 숨죽이게 애틋했다. 인물도 출중한 젊은 남자들이 가슴 저리게 부르는 트로트란 장르의 노래 경연에 빠졌다. 어느 한 구절도 감히 흉내 낼 수 없지만, 가사에 빠지고 몸짓에 녹아들어 시간의 흐름을 잊게 했다. 이제 경연은 끝났는데 순위 밖 참가자들까지 온갖 예능프로에서 못다 한 끼와 노래로 가라앉은 세상 분위기를 흔들고 있어 노래에 얽힌 먼 추억까지 불러와 실소와 폭소를 넘나든다. 노래를 처음 흥얼대본 것은 여섯 살, 사업에 문제가 생긴 외삼촌이 나보다 한 살 아래인 딸 옥경이를 우리 집에 잠시 맡겼던 때다. 뽀얀 피부에 인형 같은 얼굴로 "한 많은 대동강아, 변함없이 잘 있느냐……." 두 손을 모으고 눈을 깜빡이며 노래까지 잘 불렀다. 여러 사람이 '유성기에서 나오는 소리 같다.' 하는 칭찬이 부러워 옥경이 흉내를 내며 나도 목청껏 "한 많은 대동강아~"를 불렀으나 칭찬이 아닌 배꼽을 잡고 웃는 가족들을 향해 괜한 트집으로 고집을 부리다가 혼만 났던 기억이 있다.

또 있다. 학교에 하나 있는 풍금 반주에 맞춰 배우는 초등학교 시절 동요는 또 다른 재미였는데 3학년 때던가. '반공反共을 국시의 제1로 삼고'로 시작하는 혁명 공약을 외우던 60년대다. '멸공 돌격가'를 지정곡으로 교내 '반공 노래 경연대회'가 있었다. 평소 남 앞에 서는 것을 꺼리거나 두려워하지 않아 뽑힌 것 같은 내가 전교생 열두 반에서 한 반에 한 명씩 열두 명 출연자 중 첫 번째로 무대에 올랐다. 그날도 역시 떨지 않고 '보아라. 하늘 높이 휘날리는 저 깃발을~' 배운 대로 씩씩하게 시작했으나 거기까지였다. 그 뒤의 가사나 곡은 하얗게 지워져 멍하니 서 있다가 휘청휘청 내려온 기억은 지금도 가끔 꿈속에서 재연된다.

그렇다고 흑역사만 있는 것은 아니다. 음악이론이 0점에 가깝지만, 어려서나 젊어서는 가사가 맘에 들면 가곡이든 가요든 쉽게 익히기도 했다. 고 1이었을 게다. '그대는 차디찬 의지의 날개로 끝없는 고독의 위를 나르는 애달픈 마음…….' 김동명 작사 '수선화'를 그렇게 익히면서 실기시험 곡이 될 줄은 몰랐다. 그해 연말 음악 발표회 합창단원으로 뒤쪽의 한 자리를 차지하리라고는 더욱이나. 빙그레 웃음 짓는 추억의 한 장으로 남았다.

요즘 기를 쓰고 익히는 노래가 있다. "괜찮아, 이 정도면 ~" 쓱쓱 문질러서 시원해진 등짝을 흔들며 자연스럽게 나오는 흥얼거림이다. 효자 노릇 톡톡히 한 효자손을 침대 뒤 원래 자리에 숨기듯 치워두고 돌아서서 거울 속에 비친 내 모습과 마주한다. 꼬리빗으로도 빗어지는 소털같이 변해버린 한 줌 내기 머리카락, 화장품과 멀어져 버린 얼굴은 상늙은이로 가는 모습 그 이상도 이하도 아니다. 그래도 괜찮다. "아자~ 내가 어때서~" 다시 흥얼대는 가사와 멜로디. 한과 흥이 곁들인 곡에 한 구절 한 구절 귀에 쏙쏙 들어오는 가사가 내 마음을 대변하는 것 같아 열심히 따라서 해보지만, 의욕만 저만치 앞선다. 그래도 괜찮다. '나야, 나야 나, 괜찮아, 나 정도면~' 멋지게 못 부르면 어떤가. 위로되고 안도가 되는 가사에 딱 맞게 붙여진 곡을 나 혼자도 이렇게 즐길 수 있으니.

훗날 세계적 유행병에 불안해하던 때 노래로 위안 삼았던 기억 속 또 하나의 흔적으로 남는다면 괜찮지 않을까. 도통 기억이 없는 늑막염을 앓았다는 x-ray에 남은 흔적같이 스치듯 떠오르는 것도 괜찮을 것 같다.

• 평론 •

통점을 다스려 완성한 고요

김 영(시인, 문학평론가)

1. 존재를 응시하다

 사람들은 각자 자신이 겪은 통점에 대해 다른 태도를 견지한다. 한 부류는 자기 통점을 뼛속 깊이 새기고 끝끝내 놓아주지 않는다. 이미 지나간 통점을 붙들고 살아있는 내내 서운해하거나 고통스러워하거나 원망하거나 분노하는 것이다. 통점을 내 마음에서 놓아버리면 생명이 다하는 것처럼

구는 것이다. 또 한 부류는 통점을 어루만지고 다스려 통점과 함께 살아온 삶의 무늬를 아름답게 완성하는 것이다.

이용미 수필가의 원고를 읽는 내내 든 생각이다. 이용미 수필가의 이번 수필집은 전반적으로 잘 발효시킨 일상의 통점을 매끄러운 문장으로 풀어낸 작품이 많다. 작품 곳곳에서 빛나는 유머와 해학을 넘어서는 긍정의 힘은 부드럽고 단단하다.

> 그러나 변하는 것이 계절만은 아닌 것이 분명하지요? 기록되어 남는 일은 아니라도 당신이 하는 일은 중요하다는 것을 제게 보여주고 있으니까요. 정장이 아닌 편한 복장, 평온한 얼굴로 출근을 재촉하는 모습에서 제 마음 또한 그 어느 때보다 편안하답니다. 그 편안함이 온몸으로 나타나 체중계 올라서기가 무서울

정도로요. 다른 성격들은 여전히 소리 없이 부딪기도 하지만 오래 산 부부는 닮는다는 말이 맞는 것인지 전혀 엉뚱한 부분에서 닮아간다는 느낌도 싫지 않답니다.

「결혼기념일에」 중에서

 이용미 수필가는 지금 "편안"하다. 오랫동안 부부의 연으로 같이 살아온 남편도 "평온한 얼굴"이다. 서로 다른 사람이 만나 서로 부대끼며 사는 동안 "변하는 것이 계절만은 아"니었다. 지금도 "다른 성격들은 여전히 소리없이 부딪히기도 하지만 오래 산 부부는 닮는다는 말이 맞"다.
 '닮는다'라는 말은 '담는다'라는 말과 동음이다. 오래 산 사람들이나 혹은 같은 솥 밥을 먹고사는 사람들이 닮는다는 것은, 그만큼 서로에게 스며들었다는 말이다. 다시 말하면

자기 자신을 비우고 상대를 자신의 마음에 '담았다'라는 말이다. 그릇에 무언가를 담으려면 일단 그릇이 비어 있어야 한다. 마찬가지로 내 마음속에 누군가를 담으려면 일단 내 마음을 먼저 비워야 한다.

또, '닮는다'라는 말은 '닳는다'라는 말과 연결되어 있다. 서로 다른 유전자의 간섭으로 서로 다른 개성을 지니고 태어났으며, 서로 다른 환경에서 자란 사람 둘이 하나의 가정을 이루는 일은 쉬운 일이 아니다. 결혼까지의 과정도 과정이려니와 결혼 후에 그 가정을 잘 꾸려내는 일은 인간이 이루고자 하는 가장 궁극적이면서도 원대한 목표일 것이다. 이때는 서로에게 맞추기 위해 서로 닳아가는 과정이다. 이 과정을 잘 감내해야 비로소 한 가정을 잘 꾸리게 된다. 이용미 수필가가 상대를 위해 닳아가고 담는 과정이 잘 드러난 다음의 구절을 소개한다.

잠옷을 고르려고 갔지만, 그곳에 그런 코너는 없고 마침 떨어진 것을 아는 생수와 쓰레기봉투는 눈에 뜨이니 다른 것은 생각할 여유도 필요도 없었겠지요. 그게 당신이잖아요. 꼭 필요한 것 마음 쓴 당신 마음으로 오래 간직할게요. 결혼기념일에 생수와 쓰레기봉투 받은 사람 있으면 나와 보라 큰소리치면서요.

「결혼기념일에」 중에서

　결혼기념일에 "생수와 쓰레기봉투"를 선물로 받는 장면이다. 원래는 "잠옷"을 사러 갔는데 "그곳에 그런 코너는 없고"라는 구절에서 미루어보면 아마 가게를 잘못 찾아간 모양이다. 마침 필요한 생필품이 눈에 띈다. 그래서 이용미 수필가는 결혼기념일에 "생수와 쓰레기봉투"라는 다소 의아한 선물을 받게 된다. 통념으로 보면 최소 일 년 치의 잔소리 거리다. 그러나 이용미 수필가는 이런 남편을 탓하거나 잔소리를 늘어놓지 않는다. "결혼기념일에 생수와 쓰레기봉투 받은 사람 있으면 나와 보라"면서 오히려 이용미 수필가 특유의 유머와 해학으로 승화 시켜버린다. 각다분한 일상을 거뜬히 넘어서는 힘이 상대의 실수를 담아주고 나를 닳도록 비워내는 데서 나온다는 것을 체득한 사람의 경지다.

 그런 필사를 위한 볼펜과 노트를 신중하게 고르지만, 다 마음에 들지는 않는다. 참 별일이다. 비싼 것이라고 줄줄 써지는 것도 아니고 보기 좋다고 잘 써지지도 않는다. 어떤 노트에는 힘을 주어야 간신히 써지는 볼펜도 다른 노트에는 성능 좋은 바퀴 달린 것같이 미끄러지듯 써지기도 한다. 처음에는 잘 써지는가 싶던 것도 찌꺼기 때문에 이어 쓸 수가 없어 짜증이 정점에 달해 분질러 버린 적도 있다. 그렇게 유난히 잘 맞거나 처음부터 끝까지 터덕거려 인내가 필요한 것도 있다. 그러나 이제는 노트나 볼펜이 빡빡하면 힘을 조금 주고 매끄러우면 가볍게 써내려 가는 등 노트와 볼펜의 특성에 맞추다 보니 그런대로 고른 글씨가 이어지고 있다.

부부 궁합도 이런 것 아닐까?

「궁합」 중에서

성경을 필사하는 이용미 수필가는 노트와 볼펜을 신중하게 고른다. 그러나 노트와 볼펜의 품질은 번번이 다르다. 만들어 낸 회사마다 다를 것이고, 같은 회사 제품이어도 생산설비마다 다를 것이다. 이런 노트와 볼펜들을 이용미 수필가는 탓하거나 버리지 않는다. 오히려 수필가 자신이 상대의 성정에 맞추어 완급과 강약을 조절하며 사용한다. "노트와 볼펜의 특성에 맞추다 보니 그런대로 고른 글씨가 이어지고 있다"라고 고백하는 것이다. 아울러 "부부 궁합"도 노트와 볼펜의 개성에 맞추어 가며 필사하듯이, 상대와 내가 서로 맞추어 가는 과정과 같지 않냐고 반문하고 있다.

의도하지 않았어도 성경을 필사하는 동안 체득한 경험은 이미 깨달음의 경지에 이른 것이다.

정보다 앞서는 의무의 속사정을 누가 알았다면 가증스럽다고 했을 것이요. 용케도 크게 티 내지 않으며 키워온 아이들이었지만, 본능까지 감추지는 못했던 모양이오. 든든한 버팀목이면서 부담도 되었던 시부모님 부재의 홀가분함도 잠시, 비로소 위어른 책임감으로 살피게 된 아이들과 큰 괴리감은 상상을 넘은 충격이었소. 소리 없는 아우성으로 입은 상처를 보이지 않게 감추고 있었을 뿐이었소. 속내를 보이지 않은 것은 당신뿐만 아니라 다 같이 속울음을 울고 있었던 게요. 생각하면 가엾지 않은 중생이 없듯 서로가 가엾은 인생, 다음 세상에서는 반듯한 줄 그려지는 가족관계로 만나자고. 입 밖으로 내놓기엔 지나친 감정의 허울이 아닌가 싶어 입속으로만 되뇌었소. 어려서부터 유난히 빨리 되고 싶던 뒤늦은 어른 자리는 그렇게 누리는 것보다 몇 배 혼란스러움으로 차라리 반납해 버리고 싶었소.

「당신한테」 중에서

이용미 수필가는 살면서 겪은 경험의 폭과 깊이를 고스란히 작품으로 승화시켜 우리에게 보여줄 줄 안다. 전술했던 대로 삶의 통점을 어루만지고 다스릴 줄도 안다. 이용미 수필가의 작품집을 읽다 보면 통점 없는 삶은 아주 단조롭고 맛이 없을 것이라고까지 생각하게 된다.

위 작품 "당신에게"의 "당신"은 객관화된 자아이다. 수필은 자기 고백의 글이다. 이용미 수필가는 작가 자신을 "당신"이라는 호칭으로 객관화를 시켜놓고 자기 자신을 들여다본다.

"정보다 앞서는 의무의 속사정"이라는 구절은 이용미 수필가의 현실을 그대로 반영하고 있다. 이용미 수필가의 이런 "속사정"은 굳이 다시 되짚어주지 않아도 웬만한 사람들은 다 아는 사정이다. 알뜰하게 보살폈다고는 하지만, "의무"감이 더 많이 자리하고 있었다는 부분은 반은 반성이고 반은 회고하는 작가의 심적 상태를 나타낸다.

"어려서부터 유난히 빨리 되고 싶던" "어른 자리"는 "혼란스러움으로 차라리 반납해 버리고 싶"을 만큼 힘들었다고 고백하고 있다. 그러나 "속내를 보이지 않은 것은 당신"이라는 구절에서 짐작할 수 있듯이 이용미 수필가는 내색하지 않고 삶의 통점을 다 감당한다.

그다음 문장은 이용미 수필의 큰 장점이자 흐름이라고 할 수 있는 통점을 무늬로 승화시키는 사유 과정이 나타난다. 바로 "다 같이 속울음을 울고 있었던 게요. 생각하면 가엾지 않은 중생이 없"다는 문장이다.

수필이 수필가 개인의 경험을 기저로 하고 있지만, 문학이 될 수 있는 이유가 바로 이런 대목이다. 이용미 수필가 개인의 자기 연민이나 자만에 빠지지 않고 타자를 포용하고 손잡아주는 대목이 우리를 감동하게 하는 것이다. 그래서 "다음 세상에서는 반듯한 줄 그려지는 가족관계로 만나자고"라는 바람으로 현실을 위무하고 승화시키는 것이다.

2. 마음이 짓는 대로 하다

　논어의 한 구절에 의탁한다. 너무 유명해서 굳이 밝히지 않아도 다 아는 구절이다. 바로 '인생이 칠십 세가 되면 마음이 하고자 하는 대로 다 해도 법에 어긋나지 않는다(從心所欲不踰矩)'라는 말이다. 그래서 칠십 세를 '종심'이라고 한다. 이용미 수필가의 현재 경지라고 할 수 있겠다.
　우리는 생애 대부분이 가족이라는 울타리에 안에서 살아간다. 가족은 세상에서 가장 친근하고 가까운 사이여서 서로에게 가장 자주 직설적이고 서로를 가장 위하고 가장 많이 상처를 주고받는다. 우리는 가족이라는 타자들을 통해 사회를 배우고 예절을 배우고 처세를 터득한다. 이 과정을 겪으면서 얻은 통찰력은 삶의 지침이나 목적이 되기도 하고 깨달음의 경지에 이르게도 한다.

지난 설에 있었던 일을 생각한다. 차례상을 차리면서야 수육으로 놓을 돼지고기가 생고기로 있음이 생각났고, 떡국을 먹고 나서야 쇠고기 고명이 냉장고에 그대로 있음을 알았다. 아이들이 저희가 즐기는 게임기로 건망증 정도를 측정해 보더니 내 나이에 스물두 살을 더한 결과에 방바닥을 구르며 웃어댔다. "엄마 지능저하가 그리도 우습니? 다시 해, 이건 엉터리"라며 버럭 화를 내버렸다. 웃어대던 아이들이 머쓱하거나 말거나 난 더 큰 소리로 "다 너희 때문이야 너희 키우면서 진이 다 빠져서 그래" 그냥 재미로 체크해 본 것이니 신경 쓰지 말라는 아이들 말은 아무런 위로도 안 된 채 많이 우울했던 기억이다.

「붕실이와 장다리」 중에서

가족 간의 단란한(!) 한때를 영화의 한 장면처럼 그려내는 작품이다. 이용미 수필가는 가족들과 함께 지내려고 설음식을 장만한다. 그러나 "차례상을 차리면서야 수육으로 놓을 돼지고기" 삶지 않았다는 것이 생각난다. 어디 그뿐인가. "떡국을 먹고 나서야 쇠고기 고명이 냉장고에 그대로 있"다는 것도 알아챈다.

　이 외에도 「백수의 나날」이라는 작품 안에도 "출입문 비밀번호를 까맣게 잊"는 일, "무선마우스 위아래 구분을 못"하는 일, 등 이용미 수필가의 현재 상태를 짐작하게 하는 여러 요소가 마치 일부러 심어놓은 웃음 버튼처럼 작품 군데군데 포진하고 있다.

　이런 실수 때문에 아이들이 사용하는 앱으로 "건망증 정도를 측정"해 본다. 이용미 수필가의 현재 나이보다도 "스물두 살" 더 나이 먹은 숫자가 나온다. "방바닥을 구르며 웃"는 아이들과 "버럭 화를 내"는 이용미 수필가 사이에 잠깐 균열이 지나간다. 이용미 수필가가 생활 속의 경험이 가지고 있는 깊이와 폭을 미학 내지는 문학적으로 승화시키는 구절은 다음 구절이다.

> 본능으로 보살피고 도리와 책임으로 키웠을 뿐 무엇을 바라며 키웠던가? 배움도 없고 말 못 하는 식물이나 작은 물고기도 제도리를 다하느라 겪는 고통 소리 없이 이겨내는데, 생각하고 말하는 사람이라고 두서없는 푸념 혼자 늘어놓고 우울해하던 기억이 새삼 부끄러워 낯 붉혀지는 날이다.
>
> 「봉실이와 장다리」 중에서

아이들에게 화를 내고 돌아보니 이용미 수필가는 엄마로

서의 "도리와 책임"을 다해서 아이들을 키웠지 "무엇을 바라"고 키운 것은 아니라는 사실을 깨닫는다. 그 깨달음의 진폭이 커지면서 "식물이나 작은 물고기도 제 도리를 다하느라 겪는 고통 소리 없이 이겨"낸다고 표현하고 있다. 이는 아이들을 키운 엄마도 힘들었지만, 특별한 가족관계에서 자라는 아이들도 힘들었을 것이라는 사실을 깨닫는다. 아이들 키우느라 영민하던 젊은 시절은 어디로 가버리고 나이보다 스물두 살이나 먼저 늙어버린 자신을 아이들 때문이라고 생각하던 "두서없는 푸념"이 오히려 "부끄러워 낯 붉혀지는 날이다"라고 표현하고 있다. 이용미 수필가가 깨닫는 순간들이 어디 실생활에 국한되지 않는다.

그러나 불땀은 여일하지 않은 희나리 같아서 눈물, 콧물에 머리까지 지끈거릴 때가 많다. 손 털고 일어서면 그만인 것을, 그리 못 한 채 애물단지 끌어 안 듯 안고 애면글면하는 이것은 분명 팔자 탓이리라.

「나의 삶, 나의 문학」 중에서

이용미 수필가 자신의 삶과 문학을 돌이켜 짚어본 자전적 수필이다. 열심히 한다고 노력했지만, 작가로서의 성과가 흡족하지는 않았던 모양이다. "불땀은 여일하지 않"았다고 회상하고 있다. 그런 상태를 이용미 수필가는 "희나리" 같다고 표현하고 있다. '희나리'는 덜 마른 장작이다. 덜 말라서 불땀이 일정하게 일지 않는다. 연기가 자욱하게 깔리기도 하고 그나마 희미하던 불씨가 꺼질 듯 위태로운 순간들도 있다. 희나리를 땔감으로 사용하는 날은 꺼져가는 불씨를 살리려면 입으로 바람을 불어 넣어 주어야 한다. "눈물, 콧물에 머리까지 지끈거"리는 시간이다.

"불땀"의 사전적 의미는 땔나무를 땔 때, 불기운이 세고 약한 정도를 말한다. 이 작품에서는 "불땀"이 얼마나 꾸준하고 한결같이 한마음으로 정진했느냐를 반영하는 단어다. 문학에 대해 한결같은 마음으로 정진할 수 없다면, 그리고 흡족한 성과를 얻지 못해 "눈물, 콧물에 머리까지 지끈거"린다면 "손 털고 일어나면" 그만이다. 문학이 생활의 방편이 되지 않는 정도여서 그만두어도 그만이다. 그러나 작가들은 글 쓰는 일이 아무리 힘들어도 포기하지 못하고 다시 펜을 붙잡고 만다. 글을 쓰는 작가는 태생부터 타고 난다. 이용미 수필가의 표현대로 "분명 팔자 탓"이다.

> 병치레로 살림도 제대로 못 배웠을 어머니가 대식구 살림살이에 평이하지 않은 가족관계의 어려움을 푼 것이 아니었는지요. 이런 생각은 지금에야 해보는 것으

로, 평소 머리한 올 흐트러짐 없이 작은 먼지 꼴도 못 볼 정도로 깔끔한 분이라는 것은 안중에도 없었지요. 오직 술을 많이 마신다는 것만이 남한테 창피하고 속상해서 아예 무시하고 살 정도였으니까요.

「마음껏 드세요. 어머니」중에서

 이용미 수필가의 이번 작품집 안에는 가족에 관한 이야기가 몇 편 있다. 그중에서 어머니에 관한 이야기를 쓴 "마음껏 드세요. 어머니"라는 글에서 위의 구절을 발췌했다. 위 작품 안에는 이용미 수필가가 어린 시절에 인지했던 어머니를 성인이 되어 비로소 이해하게 되었다는 사실을 고백하는 형식이다.

 어린 시절 이용미 수필가의 어머니는 "머리 한 올 흐트러짐 없이 작은 먼지 꼴도 못 볼 정도로 깔끔한 분"이셨다. 한

마디로 얌전하고 살림 잘하는 어머니였다. 그러나 어린 이용미 수필가에게는 이런 어머니의 모습은 보이지 않았다. 오직 "술을 많이 마"시는 어머니여서 "남한테 창피하고 속상해서 아예 무시하고 살"았다. 어머니와의 관계가 매끄럽지 않았다는 고백이다.

그러나 어머니는 "병치레로 살림도 제대로 못 배"운 분이시다. 이런 어머니가 식구가 많은 "대식구 살림살이"를 하게 된 것이다. 살림을 배운 적 없는 어머니가 큰 살림을 감당하는 일은 생각만으로도 버거웠을 것이다. 그런데 "평이하지 않은 가족관계"도 어머니가 감당해야 할 또 하나의 큰 산이었을 것이다. 어린 이용미 수필가는 이런 어머니를 "무시하고 살 정도"였다.

지금은 눈 흘기며 술 마시는 모습 지켜보던 막내가

아니랍니다. 첫 잔 넘길 때의 짜릿함, 몇 잔 마신 뒤의 뿌듯함과 한 잔 더 하고 싶은 욕망을 아는 일흔 넘은 막내딸이니까요.

「마음껏 드세요. 어머니」 중에서

 이런 어머니를 이용미 수필가가 이해하게 되는 일이 바로 "술"이라는 매개체다. 사석에서 보면 이용미 수필가도 제법 술을 즐길 줄 아는 작가다. 가냘프고 여린 이용미 수필가가 술을 한잔하면 나이가 무색하게 좀 귀엽기도 하고 뭔가 좀 '있어' 보이기도 한다.

 어른이 되어 술맛을 알게 된 이용미 수필가는 비로소 어머니가 다시 보인다. 술 마시는 어머니를 "눈 흘기며" 바라보던 "막내"가 아니다. 이용미 수필가는 "첫 잔 넘길 때의 짜릿함, 몇 잔 마신 뒤의 뿌듯함과 한 잔 더 하고 싶은 욕망을"

아는 나이 "일흔 넘은 막내딸"이다.

"술을 많이 마"시는 어머니를 비로소 이해하는 나이가 되어 어린 시절 오해하고 멀리했던 어머니를 깊이 안아드리는 경지에 이른 것이다.

"마음껏 드세요. 어머니"라는 말은 이용미 수필가가 어머니께 드리는 "술"로 어머니를 향한 뒤늦은 화해와 그리고 연대 의식 같은 것이 담겨있는 곡진하면서도 그리운 고백이다.

> 쓰던 컵 한 개와 치약과 칫솔 든 주머니 하나 가방에 넣으려 하니 울컥해지던 가슴, 22년 근무지에서 가져올 것이란 딱 그것뿐이었다.
>
> 「백수白手의 나날」 중에서

이용미 수필가는 22년간 근무하던 직장인으로 사는 삶을 아쉬워한다. 역사와 설화를 동원하여 관람객들에게 문화유산을 쉽게 풀이해주는 해설가의 일이다. 이런 생활의 영향인지 이용미 수필가의 "역사와 설화"라는 작품은 한 편의 교과서로 볼만하다.

　　사학자는 사실 위에 군더더기 입힌 이야기는 사정없이 걷어내라고 했다. 설화 전문가는 무한하게 엮어낼 수 있는 이야기는 많을수록 좋다고 했다. 떼어내고 긁어내고 그 후에 남는 것은 무엇일까. 빈 그릇만 남아서 소리만 요란하지 않을까. 부풀리고 포장한 역사의 언저리 이야기는 후세에 어떤 영향을 미칠까. 기록된 역사라고 다 바르고 떠도는 설화라고 다 거짓일 수는 없지만 믿을 수밖에 없는 것이 기록이고 흘려들을 수밖에 없는 것이 설화다. 한 발 두 발 걸으며 발자국을 내는 것이 역사라면 바람 따라 흔적 없이 떠도는 것이 설화다. 역사는 아는 자가 기록해서 이어왔지만, 설화는 알게 모르게 듣고 퍼트려 또 다른 이를 통해 돌고 돌며 이어오는 것이기에 다를 수는 있어도 틀릴 일만은 아니다. 이 둘을 어떻게 다독이고 버무려 바르게 전달할 수 있을까. 십 년을 넘게 같은 장소에서 같은 이야기를 그럴싸하게 되풀이하면서도 항상 들던 의문과 생각들에 복잡함만 덧씌워진 것 같다.

「역사와 설화」 중에서

사학자와 설화 전문가의 대립적인 시각에 관한 이야기를 쓴 작품이다. "사실 위에 군더더기 입힌 이야기는 사정없이 걷어내라"라는 사학자, 그리고 사실 위에 덧입힌 "이야기는 많을수록 좋다"라는 설화 전문가는 상반된 견해를 가지고 있다. 관광객과 일반인에게 역사적 현장이나 문화재 등에 관한 해설을 해주는 일에 오래 종사한 이용미 수필가는 "이 둘을 어떻게 다독이고 버무려 바르게 전달할 수 있을까."라며 이런 대립각을 더 정치하게 활용할 수 있는 방안을 궁구한다.

우리는 역사가 어떻게 왜곡되고 일단 왜곡된 채로 기록된 역사를 바로잡는 일이 얼마나 어려운 일인가를 잘 알고 있다. 승자 위주의 기록보다는 민담 위주의 설화가 더 진실에 가까운 경우도 얼마든지 있다. 이용미 수필가도 "기록된 역사라고 다 바르고 떠도는 설화라고 다 거짓일 수는 없"다고 생각한다.

지금은 유언비어라고 일축하는 이야기들도 먼 훗날

역사를 바탕으로 한 설화로 더 많이 퍼져 있을 게 분명하다. 그때는 역사와 설화가 서로 어깨동무하며 서로의 이야기에 고개를 끄덕일지도 모르겠다.

「역사와 설화」 중에서

 따라서 지금 바로 역사와 설화 사이에서 단안을 내리지 말자고 한다. 왜냐면 역사보다는 설화가 더 확장성이 있을 수도 있기 때문이다. 또한 역사 자체가 가진 기록의 한계도 인식했기 때문이다. "역사와 설화가 서로 어깨동무하며" 역사의 근간을 훼손하지 않으면서도 설화의 넓은 폭과 다양한 변용과 창의성 등이 서로 상보관계가 되어 역사를 이루는 이룬다고 생각하기 때문이다. 이용미 수필가의 이런 생각은 같은 작품의 "기록은 한정되고 풀이는 다양하고 곁들인 이야기는 끝이 없다."(「역사와 설화」 중에서) 에서도 거대한 충분히 읽어낼 수 있다.

이용미 수필가는 역사와 설화를 상보적인 관계로 인지하면서도 "역사를 챙기면 설화가 울고 설화를 다독이면 역사가 분노한다."(「역사와 설화」 중에서)와 같이 역사와 설화 어느 한쪽에만 정통선 내지는 진실성을 인정하는 행위에 대해서도 염려한다. 이용미 수필가가 오랜 시간에 걸쳐 터득한 지혜다.

> 작아도 당당하고 다른 민망스러운 이름으로 불리어도 부끄러움 없이 씩씩하게 봄까지만 피어도 아등바등 미련에 매달리지 않는 봄까지 꽃을 볼 수 있었던 것도 나를 위로한 것 중 하나다.
>
> 「나를 위로한 방법」 중에서

전술한 여러 환경이 지금의 이용미 수필가를 키워냈다. 위 작품의 구절처럼 "작아도 당당하고 다른 민망스러운 이름으로 불리어도 부끄러움 없이 씩씩하게" 이용미 수필가는 자기 힘으로 피어날 수 있었다. 이는 이용미 수필가가 자신에게 충실한 결과이다.

우리는 세상에 태어났을 뿐이다. 그리고 살아갈 뿐이고 그러다가 피안으로 건너갈 뿐이다. 산다는 것은 이 과정을 그저 묵묵히 따라간다는 것이다. 누구도 거부할 수도 없고 다른 선택을 할 수도 없다.

연꽃은 화과동시花果同時다. 꽃과 열매가 동시에 존재한다는 말이다. 꽃과 열매 사이에 서로 선후가 없다. 또한 앞뒤도 없고 옳고 그름도 없다. 당연히 어떤 규칙 같은 것도 없다. 서로 동시에 존재하는 동안 꽃은 열심히 피어나면 그뿐이다.

꽃은 지면서 열매의 일에 관여하지 않는다. 열매도 마찬가지다. 꽃이 피고 지는 일에 의연하다. 그저 서로를 있는 그대로 보고 판단이나 분별을 하지 않는 경지가 한결같다. 어떤 규칙이나 관습 혹은 도덕적 잣대나 철학적 이론 등을 들이대어 상대를 평가하거나 판단하지 않는다.

이용미 수필가는 실제의 나이도 그렇거니와 생활 속에서 깨달아 얻은 사람의 지혜가 마음을 따라 행동해도 더는 법도에 어긋나지 않는 경지가 되었다. 마음이 짓는 대로 행하여도 어떤 시비나 분별을 받지 않을 만큼 삶을 경영하는 철학적 사유가 깊고 밝다.

3. 마침내 고요가 완성되다

하필이면 이 글을 쓰는 요즈음 '호수에 비친 달그림자'라는 말이 정치적인 언술로 사용되어 버려서 참 유감이다. 그러나 이용미 수필가의 생활 철학은 말 그대로 '달그림자가 지나간 호수'라고 할 수 있겠다.

　호수는 계절마다 시간마다 다른 삶을 산다. 어느 때는 달이 지나가고 구름이 지나가고 어느 때는 바람이 물결을 일으키고 새가 물결을 헤집기도 한다. 그러나 이런 것들이 지나간 호수는 아무런 흔적을 간직하지 않는다. 어떤 상처도 받지 않는다.

　호수는 제게 찾아드는 물상을 거절하지 않는다. 아무리 마음이 끌려도 집착하여 더 붙잡아두지도 않고 떠나는 물상을 서운해하지도 않는다. 호수는 제게 발을 담그는 어떤 물상도 형태 그대로 받아준다. 그렇다고 호수가 그 물상을 따라 본연의 모습을 바꾸지는 않는다. 오히려 그런 과정을 통해 전보다 더 맑아지고 더 깊어진다.

되는 일보다 안 되는 일이 더 많은 지난해였지만, '지나간 것은 모두 그리운 것'이라는 시구처럼 조금씩 그리워도 하면서. 그래도 고마운 날들이었다고 생각하는 것도 아주 먼 후일은 아니라는 생각에 조금 슬퍼하기도 하면서. 이런 것들을 잊으려는 이유일까. 5백 쪽 넘은 대하소설들을 계속 사고 읽는다. 앞쪽 읽고 뒤쪽으로 가면 까맣게 잊히는 내용이라도 그냥 한글 처음 익히듯 읽는다. 한쪽도 허투루 넘기지 않고 끝까지 읽고서야 책꽂이에 꽂는다. 인터넷 중고 서점을 이용하라는 권유도 무시한 채 여전히 서점에 들러 회원 카드와 할인 카드를 내밀며 결재하고 나오는 뿌듯함에 백수라도 아직 살아있음을 확인하는 것 같아 기분 또한 괜찮다. 이게 내가 사는 방법이고 의미이기도 하다.

「백수白手의 나날」 중에서

이용미 수필가가 처한 다양하고 좀 특별한 환경에서 마음이 짓는 대로 살아도 아름답고 향기로운 삶으로 귀결되는 이유도 호수와 같은 삶의 지혜를 체득했기 때문이다. "이루고 싶은 것을 위해서는 무언가 하나를 포기해야 한다"라는 중국속담이 있다. 이용미 수필가가 이런 경지의 깨달음을 얻기까지는 무수히 많은 자신을 비워냈을 것이 틀림없다. 심지어 비운다는 사실조차 인지하거나 생색내지 않고 그냥 일관되게 실천했을 가능성이 크다.

　이용미 수필가가 직장 생활을 마치고 일관되게 실천하고 있는 일이 있다. "5백 쪽 넘은 대하소설들을 계속 사고 읽는" 일이다. "인터넷 중고 서점을 이용하라는 권유도 무시한 채 여전히 서점에 들러 회원 카드와 할인 카드를 내밀며 결재하"여 책을 사고는 "한쪽도 허투루 넘기지 않고 끝까지 읽고서야 책꽂이에 꽂는" 일이다.

위 작품 속의 이용미 수필가가 책을 사고 읽고 책꽂이에 꽂아두는 행위, 반드시 서점에 가서 좀 예스러운 방법으로 책을 사는 행위 등 이런 일관된 실천이 지금의 이용미 수필가를 완성하는 도구가 되었을 것이다. 단순히 독서를 좋아하는 습관이 아니라 독서를 통해 알아낸 삶의 운용 방법과 철학, 그리고 다양한 인간 군상과 여러 경우의 수에 해당하는 사건들을 통해 비로소 알아낸 삶의 지혜들이 이용미 수필가의 깊고 넓은 인성을 만드는 것이다.

20년 넘게 매달렸던 두 가지 해설사를 마감하고 한 가지만 하면서 또 다른 변화를 준비하는 지금, 삶에 욕심부리지 마시오. 사는 날까지 지나친 바람은 접고 작은 이삭을 소중히 여길 줄 아는 지혜를 갖도록 하시오. 건강도 남에게 폐 끼치지 않을 만큼만 챙기시오,

「당신한테」 중에서

　이용미 수필가가 자신을 객관화시켜 놓고 당부하는 구절이다. 제목의 "당신"은 곧 이용미 수필가다. "삶에 욕심부리지" 말 것, 그리고 "지나친 바람"은 하지 말 것, "작은 이삭을 소중히 여"길 것을 당부하며 "건강도 남에게 폐 안 끼칠 만큼만 챙기"라고 한다. 다른 당부들은 보통의 사람들이 비교적 그럼직한 당부다.
　그런데 마지막에 건강에 대한 당부는 좀 색다르다. 원래 몸이 약한 편인 이용미 수필가가 건강 때문에 짐이 되거나 폐가 되는 것을 염려하는 구절이다. 그런데 이 구절에서도 이용미 수필가의 맑은 심성이 그대로 드러난다. 죽을 때까지 절대 아프지 않기를 바라는 속칭 '구구팔팔' 정도의 건강을 원하는 게 아니라 아프더라도 이용미 수필가가 스스로 감당할 만큼만 아프게 해달라는 아주 소박한 바람이다. 이 구절은 다른 방향에서 읽으면 건강에 관한 관심이 지나쳐서 '건강염려증'까지는 가지 말자는 당부도 들어있다.

> 소리가 시끄러울 때가 얼마나 많았던가. 듣지 않으려 이어폰을 써봐도 여전히 들리는 소리에 입술을 깨문 적도 있었지. 잘 들려 고마운 것을 깨닫지 못해서였지.
> 사는 것이 다 그런 모양이다. 좋은 것을 좋은 줄 모르고 안다고 해도 이미 끝나버리고 마는 짧은 순간
> 　행운과 같이, 행운목과 같이
> 　　　　「행운도 끝이 있을까」 중에서

위 작품 속의 "좋은 것을 좋은 줄 모르고 안다고 해도 이미

끝나버리고 마는 짧은 순간"은 이용미 수필가가 삶에 관해 내린 정의다. 때로는 복에 겨워 얼마나 많은 행운을 놓치고 살았는가? "잘 들려 고마운 것을 깨닫지 못"하고 시끄럽다고 불평하던 것처럼, 내 곁에 있는 소중한 것들을 오히려 불편하다고 여긴 건 얼마나 여러 번인가? 자성하며 다시 자신의 삶을 바로 잡는다.

각다분한 생활을 원망하고 탓하기보다는 당장 할 수 있는 단 하나를 실천에 옮기는 이용미 수필가의 생활은 다양한 환경으로 이루어져 있다. 이런 생활환경에서 캐낸 이용미 수필가의 깨달음도 우리가 짚어볼 수 없을 만큼 넓어지고 깊어졌다. 드디어 고요가 완성된 것이다.

전술했듯이, 이용미 수필가의 이번 작품집 안에는 쓰다듬어 주고 싶은 문장들이 곳곳에 있다. 몇 개만 여기 밝혀보겠다.

"전날 내린 비는 나뭇잎에 앉은 먼지까지 말끔하게 씻어주더니 그날은 바닥에 떨어지면 쨍그랑 소리가 날 것 같은 볕이 맑게 쏟아졌지요."(「결혼기념일」 중에서), 키보다 웃자라는 생각은 매사를 불만스럽게 생각하기 시작했던 것 같소.(「당신한테」 중에서), 모두 꽃에만 관심을 보였다. 소리 없이 사그라지는 무 잎의 청춘은 아무도 돌아보지 않았다.(「붕실이와 장다리」 중에서), 봄볕은 차츰차츰 앞집 마루 깊이 찾아들고 작은 마당 가로는 가시가 다보록한 탱자나무 한 그루 높이 서 있다. 막 피어나는 보얀 목련과 노란 개나리도 그 옆에 나란히 줄을 섰다.(「여유」 중에서) 등이다.

프로그레시브 록그룹 카멜의 '라자즈rajaz'라는 음반이 있다. 음반에는 시야가 아득하게 흐려져 가는 모래 폭풍 속을 걷는 낙타 그림이 그려져 있었다. 필자는 낙타에게 금방 마음을 내어주어 버렸다. 지금 당장 필자를 거칠 것 없는 사막의 어느 사구에 데려다줄 것만 같았기 때문이다. 노래에 손방인 필자는 노래보다는 '라자즈rajaz'라는 단어의 뜻이 궁금했다.

'라자즈rajaz'는 낙타가 사막을 걷는 리듬에 맞춰 시를 낭송한다는 뜻이라고 한다. 정극인의 상춘곡에 나오는 '이리저리 슬슬 거닐며 나직나직 시를 읊는다'라는 뜻의 '소요음영逍遙吟詠'과 단어의 결이 같을듯하다.

이용미 수필가의 생활 속 깨달음이 문학이라는 장치를 통과해서 우리에게 다가올 때, 우리는 그의 수필이 시를 읽듯 읊조려야 맛이 있다는 것을 바로 알게 된다. 그렇게 읽어야 이용미 수필가가 쓴 작품의 깊이와 너비를 짐작할 수 있다는 것도 알게 된다.

사막을 걷는 낙타처럼 사람 가까이에서 사람을 모시며 살아온 이용미 수필가의 이번 작품집을 읽는 동안 우리는 거친 사막을 서정적 광장으로 바꾸는 생의 마술을 볼 수 있을 것이다. 통점을 다스려 완성한 고요 한 폭이 사구의 맨 꼭대기에서 펄럭이는 걸 보게 될 것이다.

이용미 수필집

붕실이와 장다리

인쇄 2025년 4월 18일
발행 2025년 4월 25일

지은이 이용미
발행인 서정환
펴낸곳 수필과비평사
주소 서울특별시 종로구 삼일대로32길 36(운현신화타워) 305호
전화 (02) 3675-3885 (063) 275-4000 · 0484
팩스 (063) 274-3131
이메일 essay321@hanmail.net sina321@hanmail.net
출판등록 제300-2013-133호
인쇄·제본 신아문예사

저작권자 ⓒ 2025, 이용미
이 책의 저작권은 저자에게 있습니다. 서면에 의한 저자의 허락없이 내용의 일부를 인용하거나 발췌하는 것을 금합니다.
COPYRIGHT ⓒ 2025, by Lee Yongmi
All rights reserved including the right of reproduction in whole or in part in any form.
잘못된 책은 바꿔 드립니다.

ISBN 979-11-5933-576-1 03810
값 13,000원

Printed in KOREA